Astoria

301
Park Avenue

Die Welt erleben

NEW YORK

New York ist eine wunderbare Katastrophe.

Le Corbusier

Die Welt erleben

NEW YORK

Weltstadt der Superlative

Christian Heeb
Margit Brinke
Peter Kränzle

BRUCKMANN

Willkommen in New York

Uptown – Kultur, heiße Rhythmen & grüne Oasen 101

Metropolitan Museum – Guggenheim – Central Park – Harlem

Uptown, jener größte Teil der Insel Manhattan, der sich von der 59th Street bis hinauf zur Nordspitze erstreckt, ist kontrastreich: Die feinen Wohnviertel der Upper East und West Side, die »Museumsmeile« mit ihrer weltweit einmaligen Konzentration von Kultureinrichtungen, das pulsierende afroamerikanische Harlem, schöne historische Wohnviertel und schließlich, ganz im Norden, ein nachgebautes Kloster, das heute ein Museum birgt: »The Cloisters«.

Die »Boroughs« – New York ist mehr als Manhattan 123

Brooklyn – Bronx – Queens – Staten Island

Auch wenn Manhattan allein ein volles Besichtigungsprogramm bietet, wäre eine New-York-Reise ohne einen Abstecher in den einen der vier anderen »Boroughs« New Yorks – Brooklyn, Queens, Bronx und Staten Island – unvollständig. Locken in Brooklyn und Queens bunte Neighborhoods, ist es in der Bronx das Yankee Stadium und auf Staten Island das »ländlich-idyllische New York«.

Reiseteil 144

New Yorks Top Ten – Festivals & Events – Zeittafel – Übernachten & Genießen – New York von A bis Z

Seite 12/13 *Der Central Park ist New Yorks grüne Lunge und zugleich ein riesiges Freizeit- und Sportareal.*
Seite 14/15 *Weihnachtsstimmung in der Abenddämmerung auf einem der zentralen Plätze von Manhattan, dem Columbus Circle.*

New York

N

0   500 m

● Subway

QUEENS

East Channel

West Channel

Franklin D. Roosevelt Drive

Queensboro Bridge

Tramway

ROOSEVELT ISLAND

Roosevelt Memorial

United Nations Headquarters

United Nations Plaza

Queens-Midtown-Tunnel

Lighthouse Park

Gracie Mansion

Carl Schurz Park

East End Avenue

York Avenue

First Avenue

Second Avenue

Third Avenue

Lexington Avenue

Park Avenue

Fifth Avenue

Madison Avenue

YORK-VILLE

UPPER EAST SIDE

Jewish Museum

Cooper-Hewitt Museum

Solomon R. Guggenheim Museum

Neue Galerie New York

998 Fifth Avenue

Metropolitan Museum of Art

Whitney Museum of American Art

Frick Collection

Temple Emanu-El

750 Lexington Ave.

Bloomingdale's

135 E. 57th St.

Citicorp Center

St. Bartholomew's

General Electric Bldg.

Chrysler Building

Grand Central Terminal

Pierpont Morgan Library

N.Y. Public Library

Empire State Building

Bryant Park

Algonquin Hotel

MIDTOWN

of the Americas (Sixth)

Receiving Reservoir

Central Park

Transverse Rd. No.3

Transverse Rd No.2

Transverse Rd No.1

The Lake

The Pond

N.-Y. Historical Society

San Remo

Dakota Apartments

Majestic Apartments

Central Park West

American Museum of Natural History

Carnegie Hall

Lincoln Center for the Performing Arts

Verdi Square

UPPER WEST SIDE

West End-Collegiate Historic District

Soldiers & Sailors Monument

Henry Hudson Parkway

Miller Highway

West Side Highway

Columbus Circle

Broadway

Central Park South

Central Park West

Columbus Avenue

Amsterdam Avenue

West End Avenue

Broadway

HELL'S KITCHEN

Eighth Avenue

Ninth Avenue

Tenth Avenue

Eleventh Avenue

Twelfth Avenue

Theater District

Times Square

Herald Square

Broadway

Seventh Avenue

Macy's

Madison Square Garden

GARMENT DISTRICT

Jacob K. Javits Convention Center

Intrepid Sea-Air-Space Museum

Lincoln Tunnel

West 42nd Street

West 34th Street

Seventh Avenue

Grand Army

Park Ave. South

Lexington Ave

Madison Avenue

West

American Folk Art Museum (Exh.)

Museum of Modern Art

Sony Bldg.

Lever House

West 56th St.

55th St.

54th St.

53rd St.

Fifth Avenue

Avenue

Die Weltstadt der Superlative erleben

New York ist eine Stadt jenseits aller Maßstäbe, eine Stadt, die niemals schläft, eine Stadt voller Kontraste – das Extreme ist ihr Markenzeichen, und nur der Wandel ist konstant. New York ist bunt und schrill, vielgestaltig und pulsierend. Einwanderer aus aller Welt bilden einen ethnischen Mikrokosmos auf engstem Raum, aber dennoch ist New York kein *Melting Pot*, kein Schmelztiegel, sondern vielmehr ein farbenfrohes Mosaik, in dem jedes Steinchen zunächst für sich selbst steht. Simone de Beauvoir hat 1950 New Yorks spezielle Atmosphäre in »Amerika Tag und Nacht« so beschrieben: »Mit Worten werde ich New York nie erfassen. Ich denke auch nicht mehr daran, diese Stadt zu erfassen – ich löse mich in ihr auf …«. Und so ergeht es vielen Besuchern: Sie kommen aus dem Staunen nicht mehr heraus und sind wie die New Yorker selbst, die eine Art Hassliebe zu ihrer Stadt pflegen, hin und her gerissen: Einerseits stoßen Lärm und Hektik, Reizüberflutung und Gegensätze ab, andererseits ziehen gerade diese Kontraste, die Fülle und Andersartigkeit magisch an.

Die New Yorker verstehen zu feiern: hier auf einer Dachterrasse an der Fifth Avenue.

Die Stadt, die niemals schläft

New York scheint vom Himmel gefallen zu sein. Es hat mit den meisten anderen amerikanischen Großstädten wenig gemeinsam, es ist ein Unikat. Der Literat Henry James, 1843 in New York geboren und viele Jahre dort lebend, drückte dies treffend aus: »New York ist keiner anderen Stadt ähnlich. Es ist eine hässliche Stadt und sie ist schmutzig. Das Klima ist ein Skandal. Aber wer einmal in New York gelebt hat, für den ist kein anderer Ort gut genug.«

Die Stadt ist nicht nur ethnisch und kulturell vielgestaltig. Auch Alt und Neu gehen hier eine fesselnde Symbiose ein, verschmelzen in der Architektur Pluralismus und Eklektizismus zu einem grandiosen Stadtbild. Detailreich verzierte, repräsentative, altehrwürdige Bauten kontrastieren mit stromlinienförmigen, verspiegelten Glaspalästen und postmoderner Architektur, hübsch renovierte Brownstone-Häuschen stehen nicht weit von monotonen Betonblöcken. Seit über einem Jahrhundert gilt New York neben Chicago als die »Stadt der Wolkenkratzer«, und der Skyscraper ist zum Synonym der New Yorker Gesellschaft geworden. Jeder Bau ist zwar ein Individuum, doch alle zusammen bilden ein homogenes Stadtbild.

»Do your own thing«

So hieß lange Zeit das Lebensmotto der New Yorker – frei übersetzt: »Jeder ist sich selbst der Nächste.« Diese radikale Ellbogenmentalität galt lange als Hauptcharakteristikum der New Yorker. Schon 1774 schimpfte der spätere zweite US-Präsident John Adams, dass es den New Yorkern an Manieren fehle. Seitdem waren die New Yorker bei anderen Amerikanern als unfreundlich, hektisch, zynisch, rücksichtslos und arrogant bekannt. Erst ein katastrophales Ereignis hat eine ganz andere Seite im Wesen der New Yorker zum Vorschein gebracht: An einem sonnigen Herbsttag, dem 11. September 2001, steuerten Terroristen zwei entführte Passagierflugzeuge in die beiden Türme des World Trade Center.

Sie zerstörten nicht nur eine weltberühmte Sehenswürdigkeit der Stadt, sondern töteten gleichzeitig Tausende von Menschen. Der Schock war groß, doch gleichzeitig konnte man eine ungewöhnliche Veränderung bei den Bewohnern feststellen: Mit eiserner Disziplin, vormals unbekannter Solidarität und selbstloser Hilfsbereitschaft krempelten New Yorker aller Schichten und Ethnien die Ärmel hoch und packten an. Statt in Apathie und Trauer zu versinken, ging man aufeinander zu und verbrüderte sich in einer Weise, wie sie früher niemand für möglich gehalten hätte.

»New York, New York ...«

Die Katastrophe des »9/11« hat noch eine andere Seite New Yorks zum Vorschein gebracht – ihr immenses kreatives Potenzial. »If I can make it there, I'll make it anywhere«, sang schon »Franky Boy« Sinatra in »New York, New York«, und seit Generationen vertrauen Menschen aus aller Welt darauf, ausgerechnet hier ihren Lebenstraum, den Aufstieg »vom Tellerwäscher zum Millionär«, zu verwirklichen. Dementsprechend lang ist die Liste

1

1 »Uncle Sam« und die Statue of Liberty – New Yorks Besucher möchten unterhalten werden. – 2 Blick auf Pier 17, Teil des alten Hafenviertels South Street Seaport.

bedeutender Persönlichkeiten, auf die die Stadt stolz verweisen kann. Ob sie hier geboren sind oder nur hier leben – sie sind weltbekannt: Barbra Streisand, Liza Minelli, Paul Auster, Tom Wolfe, Martin Scorsese, Andy Warhol, Woody Allen, George Gershwin, Henry Miller, Duke Ellington, Josephine Baker, Dizzie Gillespie, Charlie Parker, Miles Davis, Ella Fitzgerald, Ray Charles, James Brown und Aretha Franklin – um nur wenige zu nennen.

Symbol für die Welt

Kulturelle, ethnische und ökonomische Unterschiede prägten die Stadt seit jeher, und doch ist sie das Symbol für die Welt und die einzige wirkliche Metropole. Hier tummelte sich schon immer ein buntes Völkergemisch. Doch der Begriff »Melting Pot«, den der Autor Israel Zangwill (1864–1926) in dem gleichnamigen Bühnenstück zum ersten Mal auf die Stadt mit ihren vielen Menschen aus aller Welt angewandt hat, trifft nicht den Punkt. Viel besser passt das von New Yorks erstem afroamerikanischem Bürgermeister, David Dinkins, gebrauchte Bild: »New York ist kein Schmelztiegel, sondern ein prächtiges Mosaik.«

Denn von Verschmelzung kann kaum die Rede sein, vielmehr handelt es sich um ein mehr oder weniger tolerantes Nebeneinander verschiedener Kulturen. Glaubt man sich in der einen Straße nach Jerusalem versetzt, taucht man in der nächsten

in eine asiatische Metropole ein; duftet es in einem Viertel nach italienischer Pizza, isst man nebenan Tacos und spricht Spanisch. Die vielen verschiedenen Gesichter, Sprachen, Traditionen und Kulturen nehmen auch Ortsfremde sofort wahr, schließlich sind gerade einmal 30 Prozent der New Yorker Gesamtbevölkerung europäischer Abstammung; etwa 28 Prozent sind hingegen lateinamerikanischer, 25 Prozent afroamerikanischer und 12 Prozent asiatischer Herkunft. Und dazwischen tummeln sich zahlreiche Ethnien aus aller Welt.

Waren es im 19. und frühen 20. Jahrhundert vor allem Deutsche, Iren und Italiener, die in großer Zahl zuwanderten, sind es heute meist Latinos und Asiaten. Die einzelnen Volksgruppen bilden jeweils ihre eigenen Enklaven, in denen sie Sprache, Religion und Kultur, Lebens- und Essgewohnheiten beibehalten. Auf diese Weise sorgen sie für das typische Gepräge ihres jeweiligen Viertels. Trotzdem stellen Stadtteile wie Chinatown, Little Italy und Harlem heute nur noch einen schwachen Abglanz des Vielvölkergemischs früherer Zeiten dar, eine deutlichere Sprache sprechen die ethnischen Viertel in Brooklyn, Queens oder der Bronx. Doch eines verbindet sie alle – Pakistaner, Costa-Ricaner, Mexikaner und Chinesen, Italiener und Iren: der Stolz, Bürger der ältesten existierenden freiheitlich-demokratischen Gesellschaftsordnung und somit ein »Bindestrich-Amerikaner« zu sein, dem Hymne,

1 *New York ist auch eine grüne Stadt und ein Platz zum Erholen findet sich immer.* – 2 *Bar mit einer Sammlung ungewöhnlicher Souvenirs weiblicher Gäste.* – 3 *Spanisch ist in manchen Ecken der Stadt, z.B. in East Harlem, die Umgangssprache.* – 4 *Tänzchen gefällig?* – 5 *New Yorker haben einen ausgefallenen Geschmack, auch bei Haustieren.*

Flagge und 4. Juli ebenso viel bedeuten wie die eigenen lokalen Feste und Gebräuche – und sie alle hängen dem American Dream mit Herz und Seele an.

Manhattan zum Schnäppchenpreis

Glasperlen und anderen billigen Krimskrams im Wert von 60 Gulden (heute etwa 24 Dollar) bot 1626 Peter Minuit, der Ver-

1

walter von »Neu-Niederlande«, als Preis für die »hügelige Insel«, was im lokalen Indianerdialekt »Manhattan« bedeutete. Und damit glaubte er, sie den Indianern abgekauft zu haben. Ein übliches Missverständnis, denn nach indianischem Verständnis war Land Allgemeingut und unverkäuflich. Die ersten holländischen Siedler gaben ihrer neuen Heimat den Namen »Nieuw Amsterdam«.

Die Freude über das erworbene Land sollte jedoch nicht lange währen: Kaum 40 Jahre später kamen die Briten und machten sich die niederländischen Besit-

zungen in Nordamerika zu Eigen. 1664 nannte man Nieuw Amsterdam nach dem Herzog von York »New York«, und der Aufstieg des Orts zur bedeutenden Metropole an der Ostküste nahm seinen Anfang. Ausgehend von der Wall Street, wo sich ursprünglich eine hölzerne Stadtmauer befand, breitete sich die Hafenstadt auf der Insel Manhattan kontinuierlich Richtung Norden aus. Ab dem Jahr 1811 folgte man dabei einem festen Rasterplan, der noch heute das Straßennetz Manhattans, mit Ausnahme der Südspitze, prägt. Bei Eröffnung des Central Parks 1873 hatte sich New York bereits weit nach Norden ausgedehnt.

Boomtown und »Big Apple«

Die im 18. Jahrhundert nach Philadelphia zweitgrößte Stadt der britischen Amerika-Kolonien spielte im Unabhängigkeitskrieg keine bedeutende Rolle, war sie doch schon kurz nach der Unabhängigkeitserklärung 1776 von Briten besetzt und erst 1783 wieder geräumt worden. Auch wenn New York in der neuen Nation keine herausragende politische Position einnahm, fand hier am 4. März 1789 die Vereidigung George Washingtons zum ersten Präsidenten statt. Zudem fungierte es einige

Monate als Hauptstadt, bis der Kongress 1790 erst nach Philadelphia, dann nach Washington umzog.

Die Stadt zwischen Hudson River und East River war jedoch der Motor des jungen Staatenbunds. Sie entwickelte sich rasch zum Industriezentrum und Verkehrsknotenpunkt. Den Boom konnten weder der Bürgerkrieg von 1861 bis 1865 noch Wirtschaftskrisen und Börsenstürze aufhalten. Besonders Ende des 19. Jahrhunderts sorgte New York mit wegweisenden Entwicklungen dafür, dass das Industriezeitalter in den USA Einzug hielt: 1878 erschien das erste Telefonbuch, 1880 öffnete das Metropolitan Museum, 1882 konstruierte Thomas Alva Edison die erste elektrische Lichtanlage, 1883 weihte man die Brooklyn Bridge ein, ihr folgte ein Jahr später die Freiheitsstatue, und 1892 nahm Ellis Island als Immigrantenstation ihren Betrieb auf.

Eines der einschneidendsten Ereignisse der alten Stadtgeschichte fiel in das Jahr 1898. Damals entschloss man sich, New York, das zu dieser Zeit nur aus Manhattan bestand, mit den umliegenden Gemeinden Bronx, Queens und Richmond (1975 in Staten Island umbenannt) sowie der Großstadt Brooklyn zusammenzulegen. Auf einen Schlag war New York eine Metropole mit rund 3,5 Millionen Einwohnern. Abgesehen von den Brücken über den East River war es besonders der 1904 in Angriff genommene Bau der Subway – dem heute weltweit größten U-

1 *Am 4. Juli erleuchten Feuerwerke wie hier über der Freiheitsstatue den New Yorker Himmel. –* 2 *Bald wird das Empire State Building dem abendlichen Manhattan Lichter aufsetzen.*

Bahnsystem –, der die *boroughs*, die Stadtbezirke New Yorks, miteinander verband. Der »Big Apple«, wie ein Sportreporter die Metropole in den 1920er-Jahren erstmals nannte, war geboren.

Wie Phönix aus der Asche

Der Terroranschlag auf das World Trade Center am 11. September 2001 hat gezeigt, dass sich diese Stadt nicht so leicht unterkriegen lässt. Im Verlauf seiner Geschichte ist New York bereits mehrmals wie Phönix aus der Asche wiederauferstanden, jeweils noch schillernder und faszinierender als es bereits vorher war. Gigantische Börsen-Crashs, wie der »Black Friday« 1929 oder der »Black Monday« 1987, haben die USA und die ganze Welt in ihren Grundfesten erschüttert, aber New York nicht in die Knie gezwungen. Hohe Kriminalitätsraten, Unruhen, Drogen, Streiks, Unfälle und Feuersbrünste – nichts von alledem konnte diese Stadt ernsthaft gefährden. Zwischen 1994 und 2001 hatte der republikanische Bürgermeister Rudolph Giuliani mit seiner »Null-Toleranz«-Politik nicht nur für eine saubere und ruhige Stadt gesorgt, sondern sich zugleich bei Kritikern als »Law & Order Mayor« unbeliebt gemacht. Sein besonnenes Krisenmanagement nach dem Terroranschlag am 11. September brachte ihm jedoch von allen Seiten Hochachtung ein. Dagegen anzukommen war für seinen Parteikollegen und Nachfolger, den jüdischen Finanz- und Medien-Tycoon Michael R.

Bloomberg, anfangs schwer, aber seine zweimalige Wiederwahl 2005 und 2009 zeigt, dass er zwischenzeitlich große Popularität erlangt hat.

Manhattan und mehr

Spricht man von New York, meint man meistens Manhattan – und bezieht sich damit nur auf einen kleinen Teil der Metropole. Bei diesem »Gesicht« New Yorks handelt es sich um eine mehr als 21 Kilometer lange und maximal 3,7 Kilometer breite Insel, die im Westen durch den Hudson River vom Festland abgeschnitten wird; im Osten und Norden begrenzen sie East River und Harlem River. Offiziell hat New York City zurzeit etwa acht Millionen Einwohner, von denen rund ein Fünftel in Manhattan leben. Auf diese knapp 60 Quadratkilometer – 30 Prozent hat man im Laufe der Jahrzehnte zusätzlich aufgeschüttet, etwa für den Bau des World Trade Centers – konzentriert sich das Interesse der meisten Besucher.

Geografisch gliedert sich Manhattan grob in vier große Bereiche: Downtown, der Südteil der Insel, umfasst nach allgemeiner Definition das sogenannte Lower Manhattan, das gesamte Areal südlich der 14th Street mit dem »Village«. Als Pufferzone fungieren zwischen 14th und 34th Street Gramercy und Chelsea, ehe sich Midtown (34th bis 59th Street) mit dem legendären Theaterdistrikt und dem Times Square anschließt. Uptown heißen die Viertel nörd-

1 *Der Central Park birgt auch Skulpturen und Kunstwerke wie dieses prächtige Eingangstor am Columbus Circle. – 2 Ein Paradies für Raucher: O.K. Cigars am West Broadway in SoHo. – 3 Bei feinen Adressen gibt es Türsteher, die Besuchern die Türen öffnen. – 4 Die »Stars and Stripes« wehen über der New York Stock Exchange.*

lich der 59th Street beidseitig des Central Park, und Upper Manhattan ist schließlich die Region nördlich des Central Parks bis zur Nordspitze der Insel. Doch New York ist nicht nur Manhattan, sondern setzt sich aus vier weiteren Stadtregionen zusammen, die den Großraum, die metro area bilden; Manhattan ist dabei sogar der flächenmäßig kleinste borough. Nördlich von ihm erstreckt sich auf dem Festland die Bronx, und auf Long Island, der rund 190 Kilometer langen, dem Festland vor-

gelagerten Atlantikinsel, befinden sich gleich zwei Stadtteile: Brooklyn und das größte Viertel, Queens. Im Südwesten, jenseits des Hudson River, liegt als letzter borough die Insel Staten Island.

»City Beautiful«

New York ist die Wirtschaftsmetropole und das Bankenzentrum der Welt – kurzum, Sitz von Konsum und Kommerz. Doch New York hat auch ein anderes Ge-

sicht: Der »Big Apple« ist Mittelpunkt der Kunst- und Kulturszene, eine hypermoderne Großstadt voller Attraktionen und damit ein Top-Reiseziel. Bei Reisenden steht New York seit je an erster Stelle der Beliebtheitsskala US-amerikanischer Städte, gefolgt von Städten wie Los Angeles, Chicago, Las Vegas und San Francisco. Seit dem Einbruch der Besucherzahlen nach 2001 geht es nun beständig bergauf und derzeit wird die 50-Millionen-Marke angesteuert.

Dass heute Besucher staunend durch Skyscraper-Canyons spazieren können und etliche Hochhäuser Eingang in Architekturbücher fanden, geht auf eine Idee zurück, die um 1900 das Stadtbild von New York verändern sollte. Angeregt durch die nach dem Großbrand von 1871 neu entstandene Metropole Chicago rief man die »City Beautiful«-Bewegung ins Leben. Sie initiierte eine Neugestaltung der Stadt mittels repräsentativer Bauten in historisierendem Stil. Immerhin hatte der Stadtbaumeister John Randall schon 1811 mit einem neuen Stadtplan dem Wildwuchs Einhalt geboten und ein festes Rastersystem eingeführt. Er nummerierte die Straßen nördlich der Houston Street in Ost-West-Richtung durch

und bildete Planquadrate mit den Avenues, die von Norden nach Süden verlaufen. Lediglich der Broadway – der übrigens ursprünglich auf einen alten Indianerpfad zurückgeht – durchschneidet dieses Netz diagonal.

Die ersten Bauten, die in New York aufgrund ihrer Architektur für Aufsehen sorgten, waren die Columbia University (1893–1913), die Penn Station (1910), die Public Library (1911) und das Woolworth Building (1910–1913). Sie alle sind Musterbeispiele für den damals beliebten Stilmix aus Beaux-Arts-Klassizismus, Renaissance, Gotik und Barock. Der erste Skyscraper New Yorks war das mit 21 Stockwerken schwindelerregend hoch erscheinende Flatiron Building. Daniel H. Burnham, ein Wegbereiter der Hochhausarchitektur in Chicago, hatte es 1902 geplant. Aufgrund technischer Neuerungen, wie dem Stahlgerüstbau oder der Erfindung des Aufzugs Ende des 19. Jahrhunderts, konnte man immer höher bauen, und bereits zwei Jahre später lief das Singer Building dem Flatiron Building den Rang ab.

Devise: Himmelwärts

»Wir bauen nicht um die Ehre Gottes, sondern um Geld zu machen«, meinte einmal der berühmte New Yorker Architekt Philip Johnson (1906–2005). Und dennoch sind beileibe nicht nur funktionale, langweilige Bauten entstanden, sondern durchaus architektonische Kunst-

1 *SoHo mit seinen Boutiquen und Lokalen ist eines der angesagten Viertel Manhattans. – 2 Jeden Abend erstrahlt das mächtige Empire State Building in je nach Anlass wechselnden Farben.*

werke, die weltweit für Aufsehen sorgten. »Himmelwärts« lautete die Devise in den 1920er-Jahren, der ersten großen Ära der Wolkenkratzer, in der so berühmte Bauten wie das Empire State Building oder das Chrysler Building um Höhenmeter konkurrierten.

Im Jahr 1932 legte Philip Johnson mit dem Manifest »The International Style« die ästhetischen Grundlagen für den modernen Hochhausbau fest und New York weist zahlreiche Beispiele für diese Architekturrichtung auf: vom Lever House (SOM, 1952) über Le Corbusiers UNO-Hauptquartier (1952) und das einstige TWA Building (Saarinen, 1962) bis hin zum einstigen Pan Am Building (Gropius, 1963). Für ein Ende des rein zweckbezogenen, schnörkellosen und monotonen Bauens plädierte Robert Venturi, der in den 1980er-Jahren verkündete: »Alles ist erlaubt!« Bereits seit 1972 sorgte die Architektengruppe der »New York Five« mit Peter Eisenman, Michael Graves, John Hejdrik, Richard Meier und Charles Gwathmey, aber auch Architekten wie Charles Moore für Bauten, die ein zitathafter Eklektizismus kennzeichnete und die den postmodernen Stil aus der Wiege hoben. Wegweisende Beispiele sind in New York das AT&T (heute SONY) Building (Johnson, 1984) sowie das legendäre Lipstick Building (Burgee-Johnson, 1987).

Wegweisende architektonische Projekte jüngerer Zeit sind die Battery Park City (Pelli, 1989) mit dem World Financial Center und das Areal um den Times Square. Ein seit dem Jahr 2001 andauerndes Kapitel Architekturgeschichte wird auf der World Trade Center Site geschrieben. Diese größte und wohl meistdiskutierte Baustelle der Stadt sollte eigentlich schon längst bebaut sein. Mittlerweile sind Stararchitekten aus aller Welt involviert – Santiago Calatrava, David Childs, Norman Foster, Frank Gehry, Fumihiko Maki und Richard Rogers – doch die Fertigstellung lässt immer noch auf sich warten.

Bemerkenswerte Einzelbauten aus jüngster Zeit sind beispielsweise Frank Gehrys IAC/InterActiveCorp am West Side Highway (555 W 18th Street), oder Bernard Tschumis Blue Building (105 Norfolk Street) in der Lower East Side. Jean Nouvel sorgte bereits mit einem Luxuswohnblock in SoHo (40 Mercer Street) für Aufsehen. Sehenswert sind auch der HL23 Tower (515–517 W 23rd Street) in Chelsea von Neil Denari, ein Apartmentkomplex nahe der High Line, sowie Neubauten wie der »8 Bruce Street« von Frank Gehry nahe Brooklyn Bridge und City Hall oder ein Wohnturm von Herzog & de Meuron in TriBeCa (56 Leonard Street). New York hat sich inzwischen verstärkt dem »Grünen Bauen« zugewandt. Neben dem prämierten Hearst Magazine Building des Architekten Sir Norman Foster gelten auch der Bank-of-America-Neubau am Bryant Park oder Renzo Pianos New York Times Building als ausgezeichnete Repräsentanten dieser Idee.

Männer ohne Nerven

Hochhäuser am Reißbrett zu entwerfen ist eine Sache, diese jedoch in luftiger Höhe zu realisieren, eine andere. Dazu braucht es angst- und schwindelfreie Männer, die mutig auf schmalen Stahlträgern balancieren und Bauteile verschweißen und verschrauben. Dass Wolkenkratzer wie das Empire State Building oder der Freedom Tower überhaupt entstehen konnten beziehungsweise können, ist so ungewöhnlichen Menschen wie den Mo-

1 Hauptsache cool … Black Kids in Harlem. – 2 In SoHo wechseln sich Kunstgalerien, Cafés und feine Boutiquen ab. – 3 »Bring in da noise, bring in da funk!«

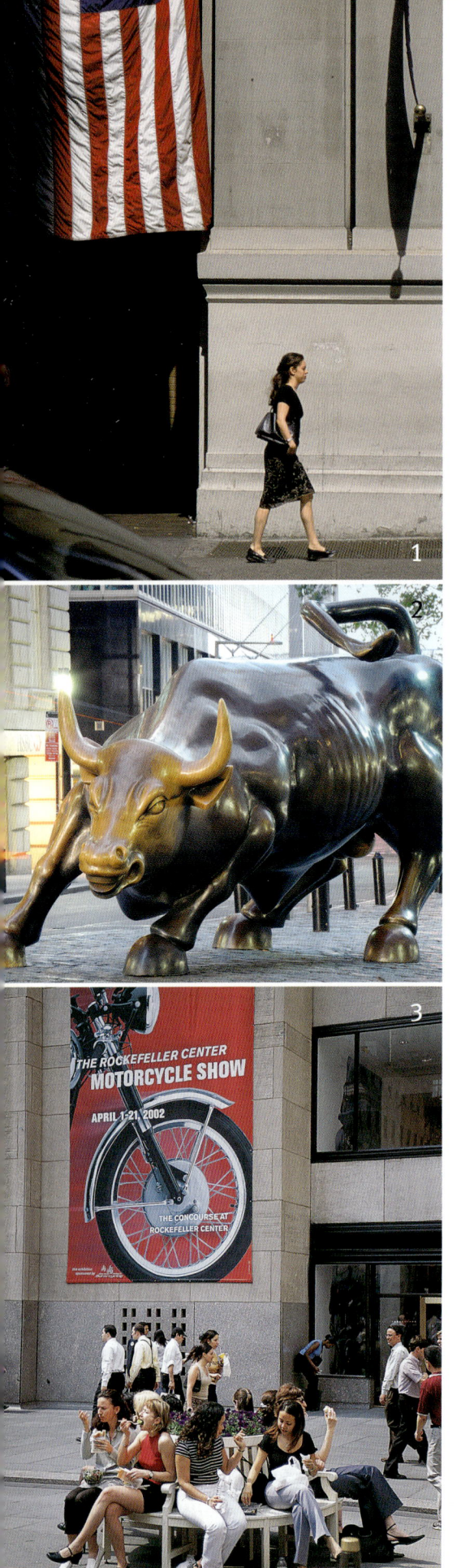

hawk-Indianern zu verdanken. Einst lebten diese, der Irokesen-Nation angehörigen Ureinwohner in der ausgedehnten Waldregion zwischen Atlantik und Großen Seen. Von anderen Indianerstämmen und weißen Siedlern gleichermaßen als waghalsige Krieger gefürchtet, haben sie zwar Achtung erlangt, materiell sind sie heute jedoch schlecht gestellt: Sie leben in Reservaten am St.-Lorenz-Strom, im Grenzland zwischen den USA und Kanada. Doch ihr Stolz und Mut sind geblieben – ebenso wie ihr legendärer Ruf als Hochhaus-Bauarbeiter, den sie sich über die Jahrzehnte erworben haben. Die »Mohawk Iron Workers«, die Lewis Hine 1930 in einer großartigen Fotoserie über den Bau des Empire State Building unsterblich gemacht hat, stellen noch heute die meisten und besten Stahlbaumonteure im Baugewerbe.

Im »Labyrinth endloser Schritte«

»New York war ein unerschöpflicher Raum, ein Labyrinth von endlosen Schritten …«, Paul Auster (*1947), einer der berühmtesten Autoren New Yorks, schrieb diese Zeile in dem wohl bekanntesten modernen Roman über seine Heimatstadt, der »New York Trilogy«. Aber nicht nur in Austers Werken spielt New York eine wichtige Rolle. Die Stadt hat große Schriftsteller und Poeten hervorgebracht, die in ihrem Schaffen das Leben der Me-

tropole widerspiegeln: Amerikas bedeutendsten Lyriker Walt Whitman (1819–1892), Henry Miller (1891–1980), Norman Mailer (*1923), Tom Wolfe (*1931), John Dos Passos (1896–1970), Isaac Bashevis Singer (1904–1991), J(erome) D(avid) Salinger (*1919), E. L. Doctorow (*1931) und Kinky Friedman (*1945) sind nur ein paar Beispiele einer langen Liste.

Mit der »Harlem Renaissance« entstand in den 1920er- und 1930er-Jahren eine Kulturbewegung, die zum Ventil eines neuen afroamerikanischen Selbstbewusstseins avancierte. Sie umfasste Tanz, Theater und Bildende Kunst, vor allem aber waren es die Musik mit dem Aufkommen des Jazz sowie die Literatur dank Autoren wie Jean Toomer, Zora Neal Hurston oder Langston Hughes, die weltweit bekannt wurden.

Singer, Salinger und Saul Below stehen hingegen exemplarisch für die besonders in New York lebendige jüdisch-amerikanische Literatur, die die »Schtetl-Kultur« schildert und eine Rückbesinnung auf jüdische Identität und Werte fordert. Zur modernen Generation zählt Tony Kushner, berühmt geworden mit »Undoing World« (Pulitzerpreis) und »A Dybbuk: Between two Worlds«; letzteren Titel hat die bekannte New Yorker Klezmerband The Klezmatics auf der CD »Possessed« vertont. New York zog aber auch deutsche Dichter und Denker an, die insbesondere während der Zeit des Drit-

1 *»Stars and Stripes« in New York* – 2 *Symbol für Aufschwung an der Börse: der Bronzestier im Bowling Green Park.* – 3 *Erholung vom Einkaufs- und Kulturstress: Dafür gibt es genügend Gelegenheiten.* – 4 *Zwei Architekturdenkmäler halten Zwiesprache: Grand Central Terminal und Chrysler Building.* – 5 *Für Jack Kerouac war der Times Square »Summe und Krönung aller Marktplätze und Tingeltangelstraßen in Amerika«.*

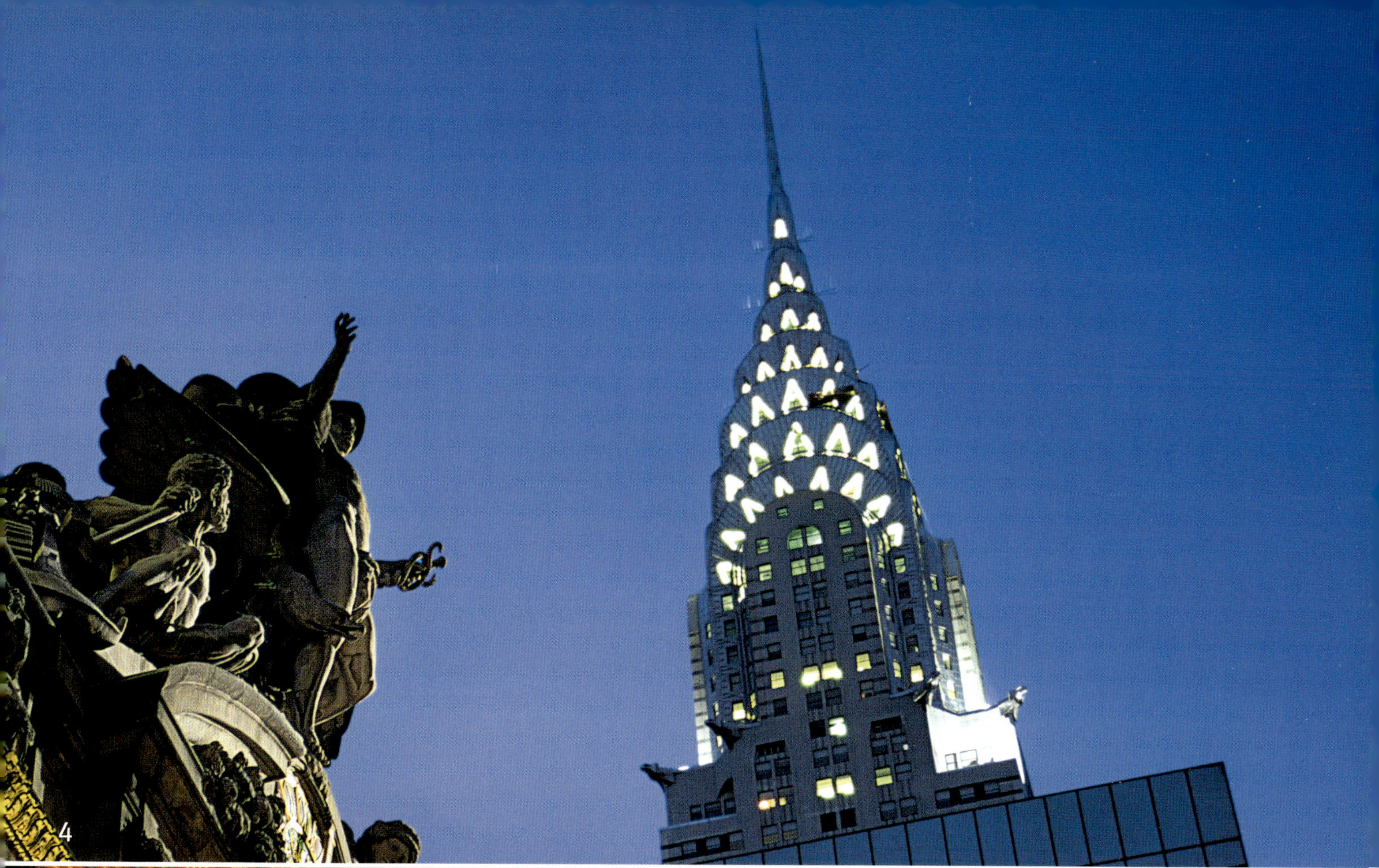
4

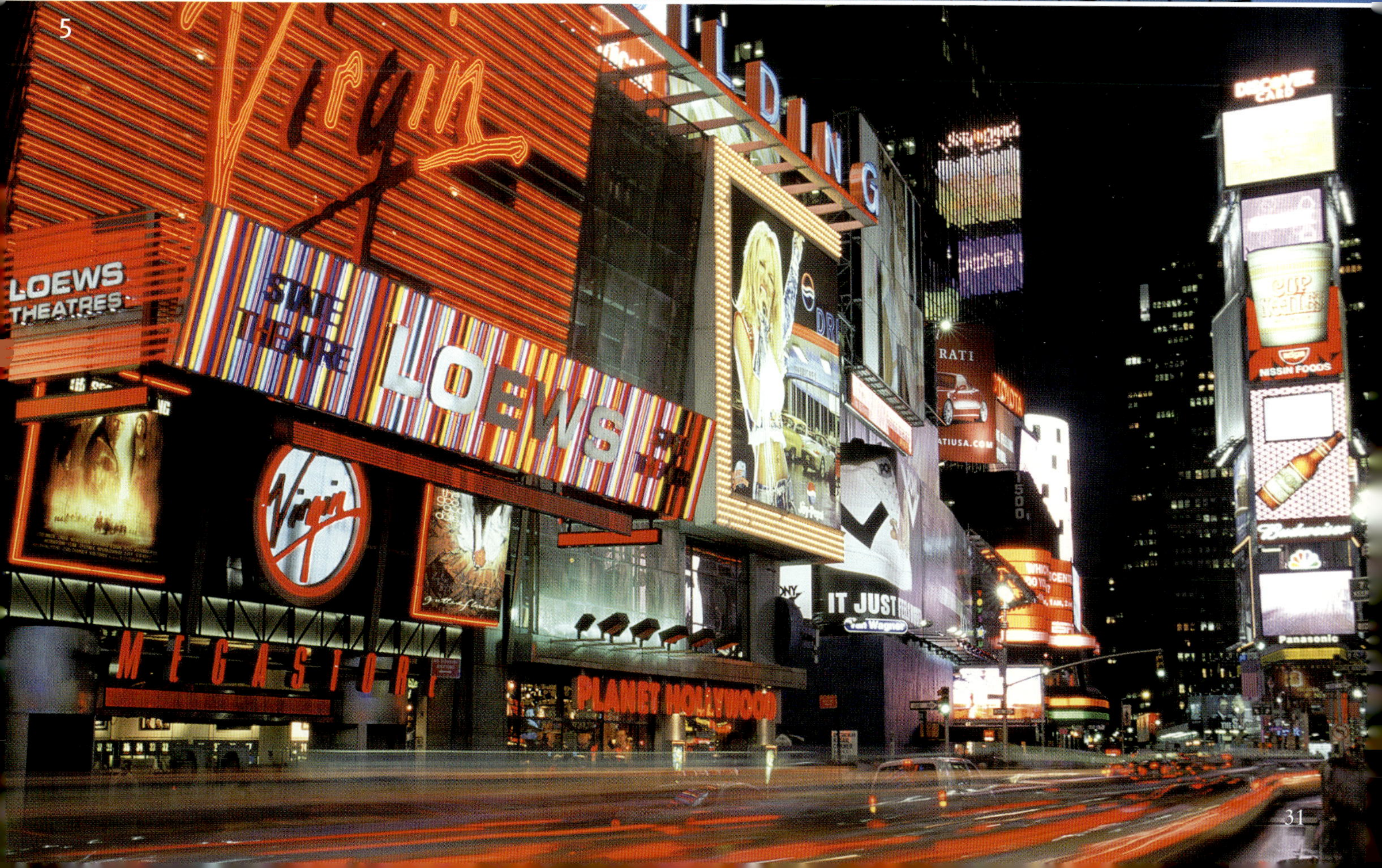
Virgin
LOEWS
THEATRES
LOEWS
Virgin
PLANET HOLLYWOOD
IT JUST
NISSIN FOODS
Panasonic
5

ten Reichs hier Zuflucht suchten: etwa die Familie Mann, Bert Brecht, Oskar Maria Graf, Wolfgang Koeppen oder Herman Kesten.

Dass diese Stadt der Literatur untrennbar mit dem Theater verbunden ist, liegt nahe. Schon 1732 hatte der Niederländer Rip van Dam in einer Lagerhalle an der Maiden Lane das erste Theater eröffnet. So richtig los ging es aber erst im frühen 20. Jahrhundert. Im Handumdrehen mauserte sich New York zur »Welthauptstadt des Theaters«. Rings um den Broadway, aber zunehmend auch in anderen Vierteln, decken etwa 40 Broadway-Theater und mehr als 300 weitere Bühnen alle Genres ab – von Musicals über Schauspiele bis hin zu experimentellem Theater.

Bagels, Cheesecake und Hot Dogs

Man kann darüber streiten, wo und wann genau der »Hot Dog« erfunden wurde – New York sieht sich jedenfalls selbst als Geburtsort der Wurst. Nach einer Version soll um 1900 Nathan Handwerker, dessen Imbisskette »Nathan's« bis heute einen legendären Ruf genießt, die Würstchensemmel kreiert haben. Doch auch Harry M. Stevens beansprucht für sich, auf die Idee gekommen zu sein, ein Würstchen ins Brötchen zu stecken: Um die Besucher im Polo Ground, einem New Yorker Baseballstadion, auf seine »Red Hot Dachshunds« aufmerksam zu machen, soll er einfach »Hot Dogs« gerufen haben.

Baseball, Hot Dogs und New York sind spätestens seit der Baseball-Legende Babe Ruth, der angeblich vor einem Spiel gerne mal ein Dutzend verdrückte, nicht mehr voneinander zu trennen. Wer aber glaubt, Hot Dog sei gleich Hot Dog, täuscht sich gewaltig. Allein die pushcarts, die Imbisswägelchen an den Straßenecken, eignen sich zum Test, welche »Franks« wie zubereitet und mit welchen »Beilagen« versehen sie am besten schmecken. Pushcarts sind ein Spiegelbild der ethnisch-kulinarischen Vielfalt und bieten weit mehr als nur Hot Dogs an: Bagels etwa – dieses Hefe-Brandteiggebäck in Ringform ist klassischerweise mit Cream Cheese (Frischkäse) bestrichen oder in der jüdischen Variante zusätzlich mit Lachs (lox) belegt. Weitere New Yorker Delikatessen sind: »Hot Knish«, ein frittierter Kartoffelbreikloß mit Senf, Ketchup und/oder Honig; »Pretzels«, meist überdimensionierte weiche Brezen, die warm gehalten und bevorzugt mit Senf bestrichen werden; »Reuben«, ein Toast mit Sauerkraut und Remoulade, dünnen Cornedbeef-Scheiben und Emmentaler.

Die neueste Errungenschaft der Stadt sind die Gourmet Trucks, fahrbare Imbissstationen, die kulinarische Genüsse der Ex-

traklasse anbieten, von Hummer über Schnecken und Austern bis zu Falafel, Pizza oder Eiscreme.

Überhaupt ist New York ein Gourmet-Mekka: Nirgendwo sonst in den USA findet man mehr sternedekorierte Toplokale, mehr kreative Köche und selten so gelungene »Weltküche«. Frische, regionale Produkte, saisonal verwendet, spielen ebenfalls eine zunehmend wichtige Rolle. Und noch etwas ist typisch für New York: die Delis, eine oft rund um die Uhr geöffnete Mischung aus Tante-Emma-Laden und Imbiss. Hier gibt es heiße und kalte Theken mit Fertiggerichten aller Art, Sandwiches und Bagels, Suppen und Salaten. Hier findet man auch den legendären New York Cheesecake oder den weltberühmten Waldorf-Salat. Und da Delis eigentlich eine jüdische Erfindung sind, gibt es dort natürlich auch Gerichte wie »a Schissel« (Suppeneintopf), »Gefilte Fish«, »Knishes«, Pastrami und »Knockwurst«.

1 *New Yorker Shops und Lokale sind bekannt für ausgefallenes Design – hier ein Fastfood-Restaurant. –* 2 *Montagabend ein Muss: der Auftritt der Mingus Big Band im »Jazz Standard«. –* 3 *Jüdische Delikatessen gibt es seit 1888 bei »Katz's«.*

Manhattans Südspitze

Die Wiege New Yorks steht auf der winzig wirkenden Südspitze der Insel Manhattan. Heute verschwinden die spärlichen historischen Reste beinahe im Schatten der gläsernen Wolkenkratzer von Banken und Versicherungen. Dagegen erinnern die unregelmäßig verlaufenden Straßen noch an die Frühzeit der Stadt als Hafen- und Handelsort. Und auch die Wall Street geht auf jene Tage zurück, als hier noch eine Stadtmauer die Bewohner schützen sollte. Damals gab es auch noch keine Düsenjets, die die Besucher in wenigen Stunden über den Atlantik in die Weltmetropole brachten. Reisende näherten sich der Neuen Welt vielmehr auf einer wochenlangen, nicht ganz ungefährlichen Schiffspassage. Es muss ein faszinierendes Schauspiel gewesen sein, wenn die Freiheitsstatue langsam aus dem Morgennebel auftauchte, ganz so, als wolle sie jeden Neuankömmling persönlich begrüßen, und wenn dann – ganz allmählich – die zunehmend beeindruckendere Hochhauskulisse an der Südspitze Manhattans ins Blickfeld rückte.

Von den neu gestalteten Piers in Brooklyn, dem Brooklyn Bridge Park, eröffnen sich fantastische Ausblicke auf die Skyline von Lower Manhattan, hier mit dem South Street Seaport.

Annäherung an eine Weltmetropole
Statue of Liberty – World Trade Center Site – Wall Street

Heute kommen vor allem jene in den Genuss einer solch spektakulären Annäherung, die an Bord der »Queen Mary 2« in New York einlaufen. Doch auch wer sich eine solche Luxusreise nicht leisten kann, braucht darauf nicht zu verzichten. Die Staten Island Ferry stellt seit fast 200 Jahren eine regelmäßige Verbindung zwischen der Südspitze Manhattans und Staten Island her, rund um die Uhr und sogar gratis. Die Insel liegt an der Mündung des Hudson River in den Atlantik und ist einer der fünf New Yorker Stadtteile. Etwa 70 000 Menschen nutzen täglich die Schiffe zwischen dem Staten Island Ferry Terminal auf Manhattan und dem St. George Ferry Terminal auf Staten Island – wahrscheinlich ohne den atemberaubenden Blick auf die Skyline Manhattans und die Statue of Liberty noch gebührend zu würdigen …

Eine Alternative, ebenfalls mit kostenlosem Blick auf die Freiheitsstatue und Manhattans Skyline, ist die Fahrt hinüber zu Governors Island. Sie startet vom Fährhafen am historischen Battery Maritime Building, gleich neben der Anlegestelle der Staten Island Ferry. Innerhalb weniger Minuten gelangt man an Sommerwochenenden (Freitag bis Sonntag) auf die alte Festungsinsel, die der Südspitze Manhattans vorgelagert ist und heute eine grüne Ruheoase und ein beliebtes Naherholungsziel der New Yorker darstellt. Von der Uferpromenade rings um die Insel bietet sich ein ungewöhnlicher Ausblick auf Stadt, Freiheitsstatue, Ellis Island, den Hafen und den East River mit all seinen Brücken bis hinüber nach Brooklyn. Es gibt Fahrradverleihstationen und Park-Ranger-Touren und am Water Taxi Beach kann man an einem aufgeschütteten Sandstrand seinen Cocktail schlürfen, Beachvolleyball spielen oder an lauen Sommerabenden abends DJs zuhören.

Im 18. Jahrhundert befand sich die Insel im Privatbesitz des britischen Gouverneurs. Seit der Unabhängigkeit der USA diente sie als Festung zum Schutz der Hafeneinfahrt und aus dieser Zeit stammen die beiden Anfang des 19. Jahrhunderts entstandenen Festungen Fort Jay und Castle Williams. Sie sind ebenso wie Colonel's Rowe und Parade Grounds als

»National Park« unter Naturschutz gestellt. Auf dem Südteil der Insel, wo sich teilweise noch alte Wohnbauten der Coast Guard befinden, wurde ein Picknickplatz eingerichtet. Hier sollen in naher Zukunft unter anderem neue Grünflächen mit renaturierten Ufer- und Marschlandschaften entstehen. Zudem werden einige der alten Bauten zeitweise von Künstlern und Kunsthandwerkern genutzt und auf der Insel finden Ausstellungen und andere Events statt.

Symbol für Freiheit und Demokratie

Die Freiheitsstatue ist das bekannteste Wahrzeichen New Yorks, aber nicht nur das. »Kommt alle zu mir: die Müden, die Armen, die unterdrückten Massen, die es nach freier Luft gelüstet«, lautet die Sockelinschrift von Emma Lazarus. Sie untermauert die Bedeutung der Statue in aller Welt als Symbol für Freiheit und Demokratie. Kein Wunder, dass die fast 34 Meter hoch gewachsene Dame als »Nationales Heiligtum« gilt und die als Nationalpark ausgewiesene Insel eine vielbesuchte Pilgerstätte ist. Die Statue of Liberty war ein Geschenk der französischen Nation an die USA. Sie drückt die Anerkennung der amerikanischen Vorreiterrolle beim Aufbau eines modernen demokratischen Systems aus.

1 Seit dem späten 19. Jahrhundert grüßt die Freiheitsstatue die Besucher der Stadt. – 2 Governors Island, einst Festung zum Schutz des Hafens, liegt malerisch vor der Südspitze Manhattans. – 3 Von der Staten Island Ferry bieten sich atemberaubende Ausblicke auf die Skyline und den Hafen New Yorks.

2

3

Schon um 1865 existierten erste Pläne für die Statue, doch erst zur Hundertjahrfeier der USA im Jahr 1876 begann man, die Idee in die Tat umzusetzen. 1884 war es dann so weit: Auf der Weltausstellung in Paris stellten Frédéric-Auguste Bartholdi (1834–1904) und Gustave Eiffel (1832–1923) ihre nach antiken Monumentalfiguren geschaffene Freiheitsstatue vor. Ein Jahr später traf sie unter großem Getöse mit dem Schiff in New York ein. Nach einer Parade durch die Stadt enthüllte Präsident Grover Cleveland sie schließlich am 28. Oktober 1886 offiziell. Hundert Jahre später erhielt die Freiheitsstatue sozusagen als Geburtstagsgeschenk ein komplettes Facelifting und im Sockel ein Museum. Ursprünglich war sogar ein Blick aus der Fackel möglich, zuletzt nur noch von der Krone. Seit ihrem 125. Geburtstag am 28. Oktober 2011 ist die Liberty erneut wegen Modernisierungsarbeiten für Besucher geschlossen. Die Insel selbst ist weiterhin zugänglich.

Der Traum vom Glück

Die Staten Island Ferry tuckert gemächlich auf Manhattan zu und hinter der Statue of Liberty rückt ein weiteres Wahrzeichen der Stadt ins Blickfeld: Ellis Island. Zwischen 1892 und 1954 befand sich hier die wichtigste Einwanderungsstation der USA. Rund zwölf Millionen Immigranten aus aller Welt, darunter bekannte Persönlichkeiten wie Bertolt Brecht, betraten hier erstmals amerikanischen Boden, wur-

den registriert, befragt, untersucht und anschließend zugelassen oder abgewiesen. Nach der Schließung der Station war der Gebäudekomplex vom Verfall bedroht und Spielball zwischen den Bundesstaaten New York und New Jersey. 1965 wurde ein Museum eingerichtet und seither strömen vor allem US-Bürger hierher, um zu sehen, wo ihre Vorfahren einst den Neuanfang wagten. Immerhin sollen in etwa 60 Jahren fast 70 Prozent aller Einwanderer hier angekommen sein! Ein eindrucksvolles Zeugnis dieser Zeit ist die »Wall of Honor« hinter dem Hauptgebäude, die die Namen der Zugewanderten nennt.

Von den ursprünglich rund 35 Gebäuden sind nur wenige zu besichtigen. Der Hauptbau mit der Great Hall, der Ankunftshalle, wurde beispielhaft renoviert, sodass er zusammen mit Fährbüro, Gepäckraum, Schlafsälen, Krankenstation und Speisesaal das sehenswerte Immigration Museum bildet. Anhand von Filmen, Tonaufnahmen, Tagebuchaufzeichnungen, Fotos, Briefen und persönlichen Erinnerungsstücken werden in verschiedenen Abteilungen vier Jahrhunderte Einwanderungsgeschichte, die Geschichte von Ellis Island und einzelne Immigrantenschicksale behandelt. In der

neuen Ausstellung »The Peopling Of America« geht es um weltweite Immigration von den 1920er-Jahren bis heute sowie ihre Auswirkungen und Probleme.

Spaziergang über die Brooklyn Bridge

Die Annäherung an Manhattan per Schiff ist ein unvergessliches Erlebnis, ein Spaziergang über die Brooklyn Bridge ein anderes. Abgesehen davon, dass man auch von der Brücke eine spektakuläre Sicht auf die Südspitze von Manhattan hat,

schwärmte schon der Dichter Walt Whitman von einem solchen Spaziergang als »beste und wirkungsvollste Medizin, die meine Seele bisher genossen hat«. Doch nicht alle Zeitgenossen empfanden so, als die Brooklyn Bridge 1883 als erste und größte Hängebrücke aus Stahl eröffnet wurde. Die Einweihung der bekannteren Golden Gate Bridge in San Francisco erfolgte erst vier Jahre später.

1 *Blick auf Ellis Island mit den historischen Bauten der Immigrationsstation.* – 2 *In dieser prächtigen Ankunftshalle auf Ellis Island betraten neu ankommende Immigranten nach langer Überfahrt erstmals amerikanischen Boden.* – 3 *Orange leuchtet die Staten Island Ferry in der Sonne und bietet einen atemberaubenden Blick auf Manhattan.*

"Both my husband and I are retired Port Authority employees.

Während Ingenieure, Künstler und Fotografen das »technische Wunderwerk« in höchsten Tönen lobten, hatten viele Menschen Angst, über diese 40 Meter hoch über dem East River schwebende Brücke zu gehen. Doch die Begeisterung überwog, zumal die Brücke endlich eine sichere Verbindung zwischen den damals noch unabhängigen Städten Manhattan und Brooklyn herstellte. Zuvor waren die Menschen auf wetterabhängige Fähren angewiesen. Auf der Brücke konnten nun Pferdefuhrwerke auf den Außenspuren, Straßenbahnen auf der »zweiten Spur« und Fußgänger in der um 5,5 Meter höher gelegten Mitte mühelos den Fluss überqueren.

Schon damals schien man von deutscher Präzisionsarbeit überzeugt gewesen zu sein, denn die Pläne stammten von dem Thüringer Ingenieur und Erfinder des Drahtseils, Johann August Röbling, und seinem Sohn Washington. Nachdem Röbling drei Monate nach Baubeginn an Wundstarrkrampf verstorben und sein Sohn 1872 durch einen Unfall ums Leben gekommen war, übernahm Washingtons Frau Emily die Bauaufsicht. Sechzehn Jahre lang arbeiteten 600 Männer an dem Bauwerk, 20 Todesfälle waren zu beklagen. Zu den revolutionären technischen Neuerungen gehörten Senkkästen und Tragseile, die das Ausheben der Pfeilerfundamente im Trockenen erlaubten. In den beiden 84 Meter hohen Hauptpfeilern aus Granit, die mit ihren gotischen Doppelbögen Stadttoren gleichen, befinden sich je vier gusseiserne Ankerplatten für vier Stahlseile. Diese bestehen aus je 19 ummantelten Strängen von insgesamt 5657 Kilometern zinkgalvanisierten Drahts. Zur Verstrebung dienen weitere diagonale und vertikale Seile, die oben am Hauptseil und unten an den Bodentragern aus Stahl befestigt sind – ein Stück deutschamerikanischer Wertarbeit, die noch heute Bewunderung verdient.

World Trade Center Site

Wenn sich die Staten Island Ferry der Südspitze Manhattans nähert, bietet sich eine eindrucksvolle Skyline. Und doch merkt jeder schnell: Hier fehlt etwas, nämlich eines der früheren Wahrzeichen der Stadt, das World Trade Center. Bis zum 11. September 2001 dominierten die beiden rund 420 Meter hohen Zwillingstürme des World Trade Centers das Bild, die 1973 nach Plänen des Japaners Minoru Yamasaki fertiggestellt wurden.

Der Schutt war schnell weggeräumt, doch dann kam es bezüglich der Konzeption des Neubauprojekts immer wieder zu Querelen und Verzögerungen. Mittlerweile wird eifrig auf der World Trade Center Site gebaut: Bereits 2006 vollendet wurde das WTC 7 und die Fertigstellung des WTC 1 (vormals »Freedom Tower«)

1 *Blick auf die Manhattan Bridge von DUMBO aus, einem der angesagten Viertel Brooklyns.* – 2 *An der World Trade Center Site haben Hinterbliebene Erinnerungen an Menschen hinterlassen, die umgekommen sind.* – 3 *Unvergessen bleibt der 11. September 2001* – 4 *Schon bei der Eröffnung sorgte die Brooklyn Bridge für Aufsehen, heute muss jeder Besucher einmal über sie spaziert sein.* – 5 *Das National September 11 Memorial mit seinen beiden Memorial Pools erinnert an die Opfer des Attentats.*

GARY M. A...O   RICHARD JOSEPH KLARES   JOHN RICHARD KEOHANE

...TZLER   MICHAEL DAVID FERUGIO   JEAN MARIE COLLIN   MARGARET AN...

MARK ZANGRILI   PAUL FREDERICK BEATINI   KATHLEEN MOR...

41

1

2

und des WTC Transportation Hub von Santiago Calatrava an der Nordostecke des Bauplatzes stehen wohl als Nächstes an. An den von durchweg renommierten Architekten geplanten WTC 2 (Norman Foster & Partners), WTC 3 (Richard Rogers) und WTC 4 (Fumihiko Maki & Ass.) wird gebaut, wohingegen WTC 5, die J. P. Morgan Chase & Co. Headquarters (Kohn Pederson Fox) anstelle des ehemaligen Deutsche Bank Buildings bis dato noch nicht begonnen wurde. Für das Kernstück des Komplexes, WTC 1, ist die Architekturfirma Skidmore, Owings & Merrill (SOM), genauer der Architekt David Childs, zuständig. Ganz anders als ursprünglich vom Wettbewerbsgewinner Daniel Libeskind geplant, wächst derzeit ein plumper und festungsartiger, angeblich »bombensicherer« Bau in den Himmel. Das National September 11 Memorial & Museum, von Arad, Walker und Bond in Zusammenarbeit mit der norwegischen Architekturfirma Snøhetta, besteht aus einer Inschriftenmauer, einem Wasserfall um zwei Becken in den *footprints* (den Grundrissen der Türme), einem Meditationsraum und einem Museum im Untergrund. Während das Memorial bereits zum 10. Jahrestag des Attentats, am 11. September 2011 eingeweiht wurde, soll das Museum bald folgen.

Zu den Planungen des Gesamtkomplexes erhält man in der 9/11 Memorial Preview Site mit Modellen und Fotos Informationen. Im Tribute WTC VC (120 Liberty Street) gibt es eine Ausstellung zu »9/11« zu sehen, vor allem aber lohnen die interessanten Touren, geführt von unmittelbar Betroffenen.

Grüne Oase zwischen Wolkenkratzern

Dem »Hochhauswand« zum Hudson River hin ist die grüne Oase Battery Park vorgelagert. Ihr Name geht auf die Geschütze zurück, die früher zur Sicherung des Hafens am Zusammenfluss von East River und Hudson River standen. Heute ist der Battery Park mit Bänken, Statuen und Brunnen ein guter Ort, um inmitten der umtriebigen Stadt zu verschnaufen. Beliebt ist er zudem wegen seiner hervorragenden Aussicht auf Hudson River, Ellis Island, Statue of Liberty und das gegenüberliegende Ufer von New Jersey. Unter den zahlreichen Statuen und Monumenten des Parks ragt am Nordzugang »The Sphere« heraus. Das Kunstwerk aus Stahl und Bronze stammt von dem bayerischen Künstler Fritz Koenig. Seit 1971 stand es zwischen den beiden WTC-Türmen, wo es freien Handel und Ideenaustausch symbolisierte. Einem Wunder gleich überlebte die Skulptur den Einsturz der Gebäude nur leicht beschädigt. Sobald der Nachfolgerbau fertig ist, soll sie eventuell als Erinnerungs- und Mahnmal wieder an ihren ursprünglichen Standort zurückkommen.

1 *Battery Park ist eine grüne Oase inmitten der Hochhausschluchten von Downtown Manhattan.* – 2 *Die Grünanlagen am Hudson River dienen vielerlei sportlichen Aktivitäten.* – 3 *Blumen im Battery Park vor imposanter Wolkenkratzerkulisse.* – 4 *Adler auf dem Denkmal für den Zweiten Weltkrieg im Battery Park.* – 5 *»The Sphere«, einst zwischen den Türmen des World Trade Centers, überstand den Einsturz fast unbeschadet.*

Nicht nur der Name des Parks erinnert an die alte New Yorker Hafenbefestigung. Zu ihr gehörte auch das Castle Clinton aus dem frühen 19. Jahrhundert. Als sein Bau 1811, mitten im »War of 1812« gegen die Briten, beendet war, lag die kleine Fes-

tung noch etwa 60 Meter vom Ufer entfernt im Hudson River. Über eine Zugbrücke war sie von Manhattan aus zu erreichen. 1824 verband man die Insel durch Aufschüttungen mit dem Festland, und aus dem Militärstandort wurde ein Vergnügungspark. Zwischen 1855 und 1898 fungierte Castle Clinton dann als Vorgänger von Ellis Island: Mehr als acht Millionen Einwanderer passierten die Immigrationsstation. Ein paar Jahre später zog ein Aquarium ein, das sich heute auf Coney Island befindet. Dann rückten die Abrissbirnen an, doch dank des Einsatzes engagierter Bürger konnte das Desaster

gerade noch abgewendet werden. 1946 erklärte man den Bau zum »National Monument«, seit 1975 ist er wieder öffentlich zugänglich und dient nun auch als Anlegestelle der Fähren nach Liberty Island und Ellis Island.

Eine »Stadt in der Stadt«

Auch wenn es den Anschein haben mag, aber nicht alles in New York wächst gen Himmel. So fällt ein flacher sechseckig-pyramidaler Bau am Nordrand des Battery Park zunächst kaum ins Auge. Dieses ungewöhnliche Gebäude des weltberühmten Architekturbüros Kevin Roche, John Dinkeloo & Associates verbirgt hinter fast fensterloser Fassade das Museum of Jewish Heritage. Die Form seines Grundrisses erinnert an die sechs Millionen Juden, die während der Nazidiktatur ermordet wurden, aber auch an den Davidstern. Im Museum erfährt man anhand von Fotos, Dokumenten, Artefakten und zahlreichen Dokumentarfilmen mehr über die Geschichte der Juden von etwa 1880 bis heute. In unmittelbarer Nähe des jüdischen Museums bietet der Neubau des »Ritz-Carlton«-Hotels mit seinem sehenswerten Skyscraper Museum im Erdgeschoss ein Kontrastprogramm.

Die Esplanade, von New Yorker Büroangestellten als sportliches Betätigungsfeld und Erholungsort während der Mittagspause geschätzt, endet an der Battery Park City. Dieses architektonisch wegweisende Bauprojekt entstand in den 1970er-Jahren auf zum größten Teil aufgeschüttetem Gelände am Hudson River. Das Fundament für diese »Stadt in der Stadt« mit Büros, Wohnungen, Parks und Versorgungsein richtungen lieferte der Aushub aus der Baugrube, die für die beiden Türme des World Trade Centers nötig war. Markanter Punkt des Komplexes ist das 1988 nach Plänen des argentinischen Architekten Cesar Pelli entstandene World Financial Center, das aus drei verschieden hohen und unterschiedlich bekrönten Bürotürmen besteht. Die Bauten bestechen durch ihre verblüffende Leichtigkeit, die auf die gekonnte Verwendung verschiedener Materialien zurückgeht: im unteren Teil hauptsächlich Granitplatten, oben vermehrt Glas. Unter anderem residieren hier die Zentralen bedeutender Finanzhäuser wie Oppenheimer oder Merrill Lynch. Ein einladender 36 Meter hoher, tropisch bepflanzter »Winter Garden« verbindet mit seiner Glas-Stahl-Konstruktion die einzelnen Wolkenkratzer und öffnet sich attraktiv zur Piazza am Fluss mit Yachthafen.

Das alte New York

Im Schatten all der modernen Bauten, überdimensionierten Skulpturen und weitläufigen Plätze steht das alte New York, der historische Stadtkern, von dem

1 und 2 *Der »Shrine of Mother Seton« im Watson House und die »Chapel of our Lady of the Rosary« sind Amerikas erster Heiligen, Elizabeth Ann Seton, gewidmet.*

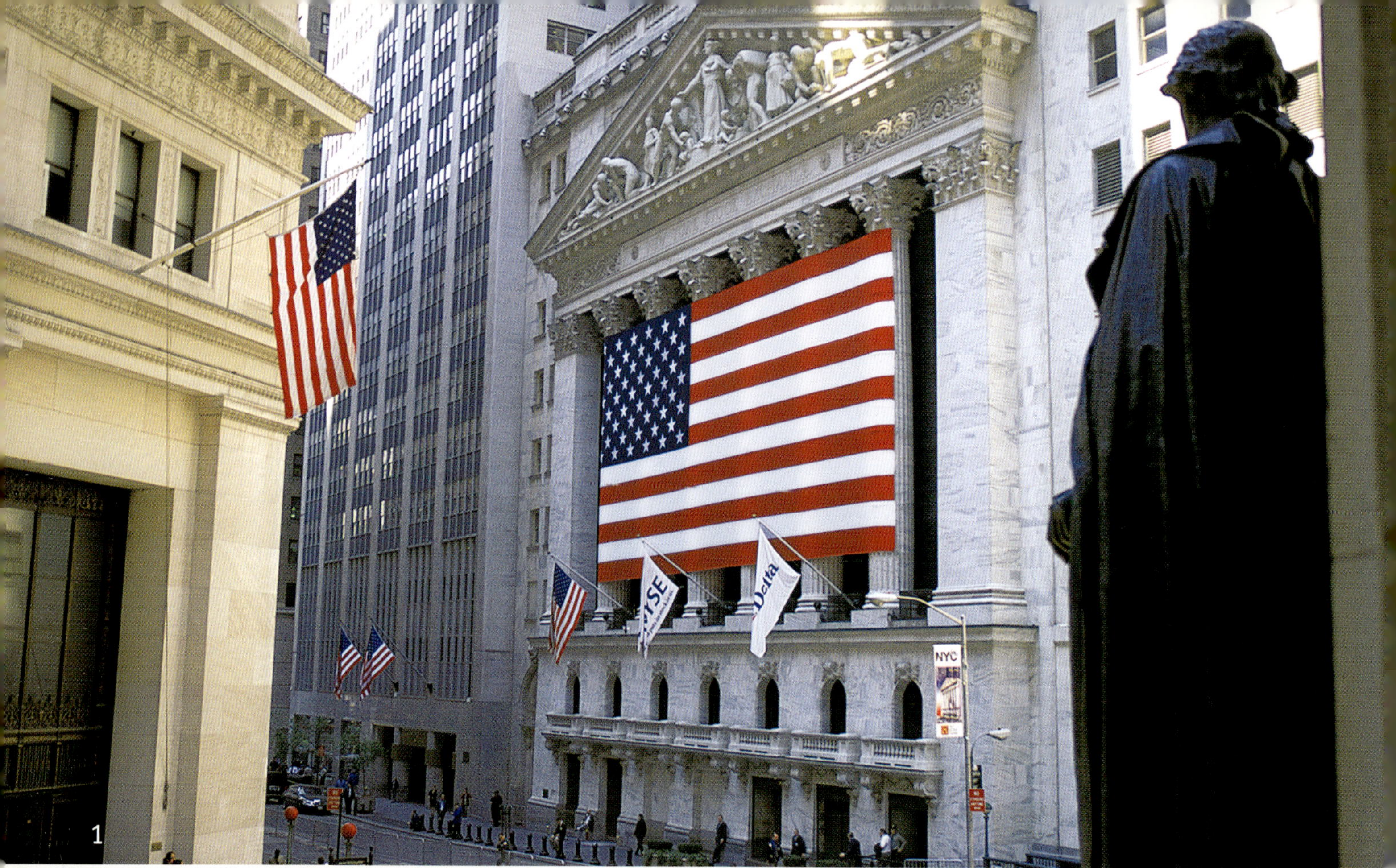

1

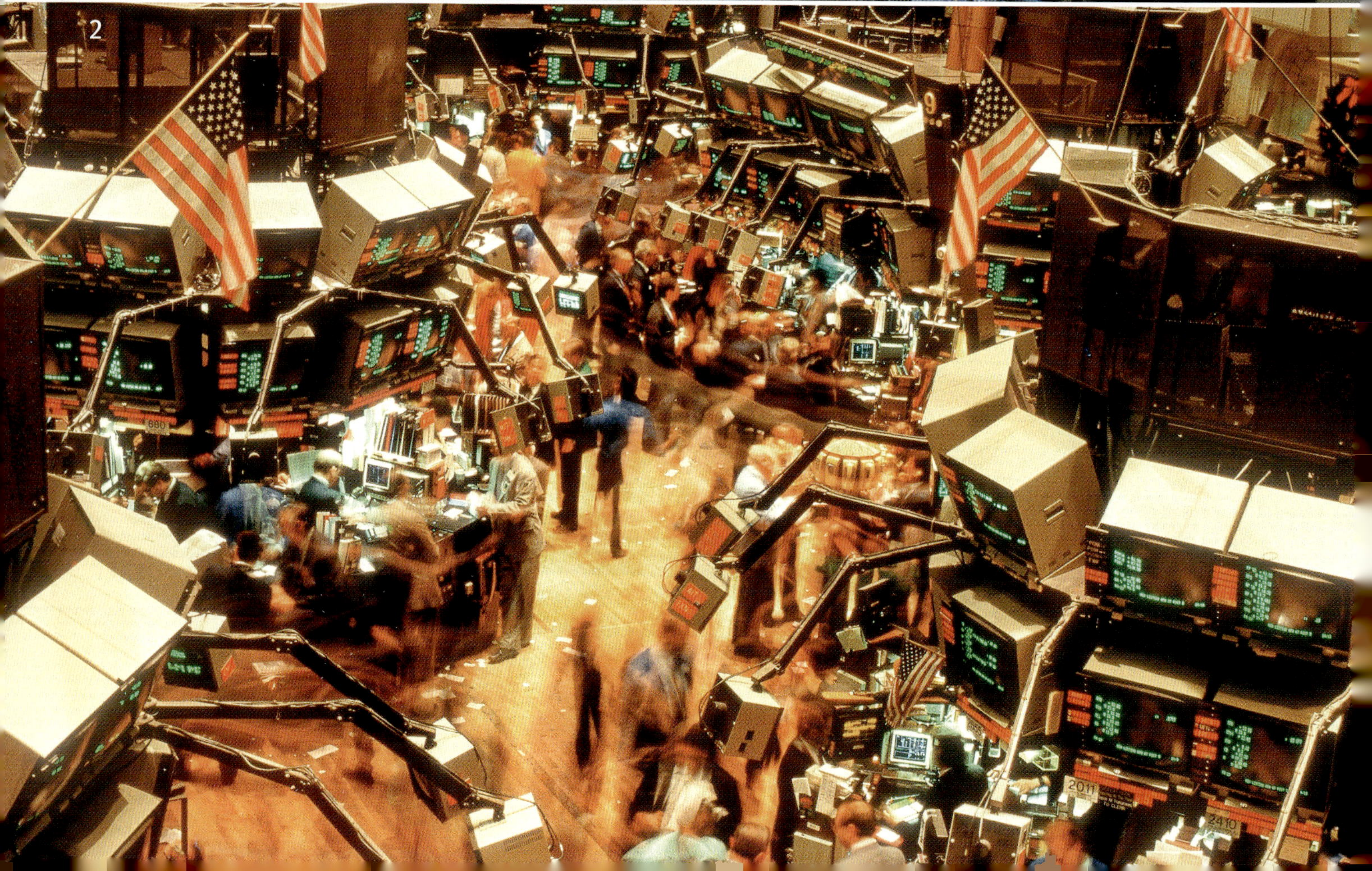
2

hier im Süden Manhattans noch Spuren erhalten sind. Das 1793 im Federal Style erbaute Watson House (7–8 State Street) gilt als ältestes Baudenkmal im Süden Manhattans; im Inneren befindet sich eine katholische Pilgerstätte, der »Shrine of Mother Seton«; Elizabeth Ann Seton (1774–1821) hat den ersten Nonnenorden der USA, die »American Sisters of Charity« gegründet, und ab 1807 zahlreiche kirchliche Schulen ins Leben gerufen. 1975 sprach der Papst sie als erste Amerikanerin heilig. Nicht weit entfernt lädt der einzige original erhaltene Straßenblock der Stadt aus dem 18. Jahrhundert zum Bummel ein: der Fraunces Tavern Historic District. Wie der Name sagt, steht eine alte Kneipe im Zentrum, die »Fraunces Tavern« (54 Pearl Street). Sie ist eine Rekonstruktion des Originalbaus aus dem Jahr 1719 und beherbergt außer einem Museum heute auch ein Lokal.

New Yorks »vergnüglicher« Hafen

Zugegeben, vom alten New Yorker Hafen ist nicht viel übrig geblieben, aber immerhin hat sich der Kern des alten Hafenviertels aus dem 19. Jahrhundert zwischen Pier 15 und Pier 17/18 (Burlington und Peck Slips) sowie South Street und Water Street erhalten. Der South Street Seaport markiert das Zentrum des alten Hafenviertels und des heutigen Vergnügungsareals. Hier befand sich auch der 1821 ins Leben gerufene Fulton Fish Market, der vor einigen Jahren in die Bronx umgezo-

gen ist. Dafür laden an Pier 17 in renovierten alten Lagerhallen Cafés, Imbissstände und Shops zu einer kleinen Pause und das Southstreet Seaport Museum mit mehreren Gebäuden zum Informieren ein. Besonders lohnen sich die historischen Schiffe, die an Pier 16 vor Anker liegen: Der Schooner »Pioneer«, der Schlepper »W.O. Decker« oder die öffentlich zugänglichen Schiffe, die Hamburger Viermastbark »Peking«, das zweitgrößte Segelschiff der Welt, und die »Ambrose« (1908). Die »W.O. Decker« (1930) sticht sogar noch gelegentlich in See. Auch das Areal westlich der Piers, entlang der South Street, ist renoviert und beherbergt heute Shops, Kneipen und Galerien. Sehenswert ist die Schermerhorn Row, an der sich von 1811 bis 1813 erbaute Lagerhäuser und Kontore reihen, Peck Slip mit dem »Meyer's Hotel« von 1873 oder das Titanic Memorial (Fulton Street/Water Street).

Viehmarkt und Kegelbahn

Der Bronzestier am Beginn des Broadways – ein Geschenk des italienischen Bildhauers Arturo Di Modica – ist das weltberühmte Symbol für steigende Börsenkurse an der Wall Street. Er fand seinen Standort an einem geschichtsträchti-

gen Ort: Bowling Green. Hier soll 1626 der Niederländer Peter Minuit den Indianern die Insel Manhattan abgekauft haben, und von hier aus entwickelte sich die Stadt. Richtung Norden verlief ein Pfad, der später als »Broadway« weltberühmt werden sollte. In dem kleinen Park fand regelmäßig ein Viehmarkt statt, und es soll auch eine Bowlingbahn gegeben haben – daher der Name.

Das ehemalige US Custom House von 1907 (1 Bowling Green Street) bildet die spektakuläre Hintergrundkulisse für den Bronzestier. Bis 1973 residierte in dem Bau in unmittelbarer Hafennähe die Zollbehörde, dann zog das National Museum of the American Indian, eine Außenstelle der Washingtoner Smithonian Institution, ein. Das Museum fungiert heute nur noch als »Filiale« des neu eröffneten Museum of the American Indian in Washington, zeigt aber dennoch beachtliche Wechselausstellungen zu den Indianerkulturen,

1 *Die New York Stock Exchange in der Wall Street ist das Zentrum der Geldmacht. –*
2 *Leider ist Besuchern seit dem 11.9.2001 ein Blick ins das Innere der New Yorker Börse verwehrt. – 3 An der Kreuzung zweier weltberühmter Straßen …*

vor allem Nord-, aber auch Zentral- und Südamerikas. Außerdem sind im Inneren des Baus die Wandbilder mit Hafenszenen von Reginald Marsh sehenswert. Rechts, gegenüber dem Eingang, zeigen sie ein Porträt von Greta Garbo an Bord eines Schiffes. Weitere Wandgemälde sowie Weltkarten und Schiffsmodelle berühmter Seefahrer befinden sich im Cunard Building (25 Broadway). Der Bau von 1921 gehört der berühmten Reederei so legendärer Luxusliner wie »Lusitania«, »Queen Victoria«, »Queen Elizabeth« oder zuletzt »Queen Mary 2«.

Im Zentrum der Geldmacht

Mit dem Namen »Wall Street« verbindet man heute wohl vor allem das Zentrum der amerikanischen Wirtschaftsmacht, die New York Stock Exchange. Doch die Wall Street hatte zunächst nichts mit Geld zu tun. Der Name geht vielmehr auf die Stadtmauer zurück, die die ersten Siedler hier einst zum Schutz vor Indianern errichteten.

Bis zum 11. September 2001 war die »NYSE«, in der heute täglich für über 2000 Firmen rund 200 Millionen Aktien gehandelt werden, eine Hauptattraktion für Besucher. Seither ist sie für das Publikum geschlossen. Zum Glück bietet das Museum of American Finance (48 Wall Street) in der prächtigen Schalterhalle der ehemaligen Bank of New York einen gewissen Ersatz.

Die Anfänge der Börse waren eher bescheiden: 1792 gingen hier nur 24 Makler ihren Geschäften nach, 1817 erfolgte dann die offizielle Gründung der NYSE. Die Börse erlebte nicht nur Hochphasen, sondern auch verheerende Börsen-Crashs wie den »Black Friday« am 29. Oktober 1929 oder den »Black Monday« am 19. Oktober 1987. Steht die Börse für die amerikanische Wirtschaftsmacht, so erinnert die gegenüberliegende Federal Hall (26 Wall Street) an die Geburtsstunde der Nation. Hier fand am 30. April 1789 die Vereidigung George Washingtons zum ersten US-Präsidenten statt. Bis zum Umzug nach Philadelphia 1790 diente der Bau als erstes Kapitol der USA. Das heutige Gebäude stammt aus den 1830er-Jahren. Nach dem Umzug der Stadtverwaltung 1812 in das neue Rathaus war der Ursprungsbau abgerissen worden.

Ruhepole im Stadttrubel

Geschäftigkeit, pulsierendes Leben und viel Verkehr prägen seit jeher den Süden Manhattans. Und dennoch gibt es sie, die Ruhepole: So nimmt sich der neogotische Kirchturm der Trinity Church (Broadway/Wall Street) mit seinen 100 Metern zwar vergleichsweise bescheiden aus, aber dafür kann er mit Jahren punkten: Die Kirche gilt als eines der ältesten anglikanischen Gotteshäuser Nordamerikas; König William III. von England stiftete sie 1697. Was man heute sieht, ist allerdings schon der dritte Bau an derselben Stelle. Er ent-

1 Die Trinity Church ist eine der ältesten anglikanischen Kirchen Nordamerikas. – 2 Denkmäler erinnern auf dem Friedhof der Trinity Church an historische Persönlichkeiten. – 3 Viele der Glasfenster der Trinity Church stammen von deutschen Handwerkern. – 4 Der Gottesacker der Trinity Church. – 5 Blick in die St. Paul's Chapel.

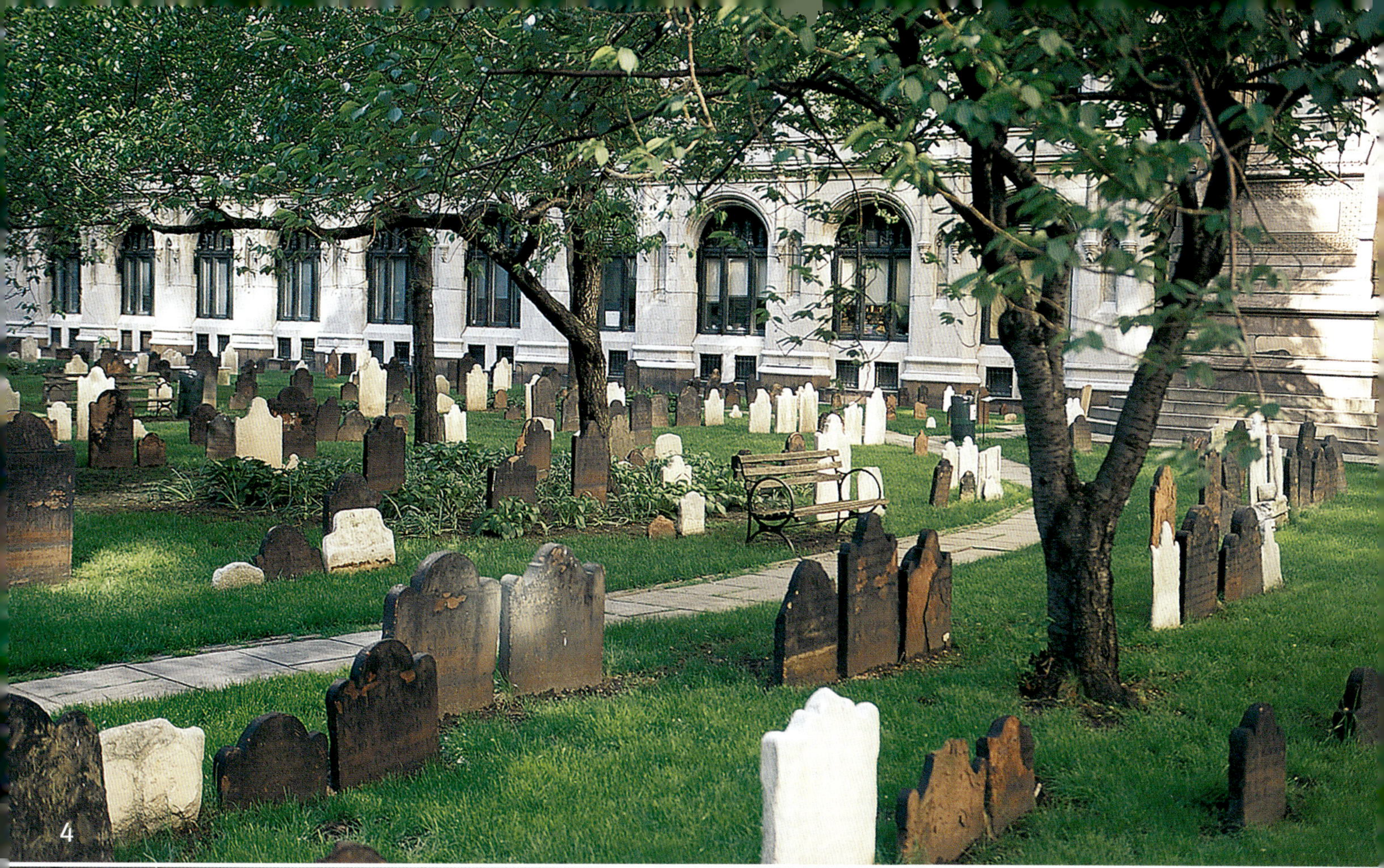
4

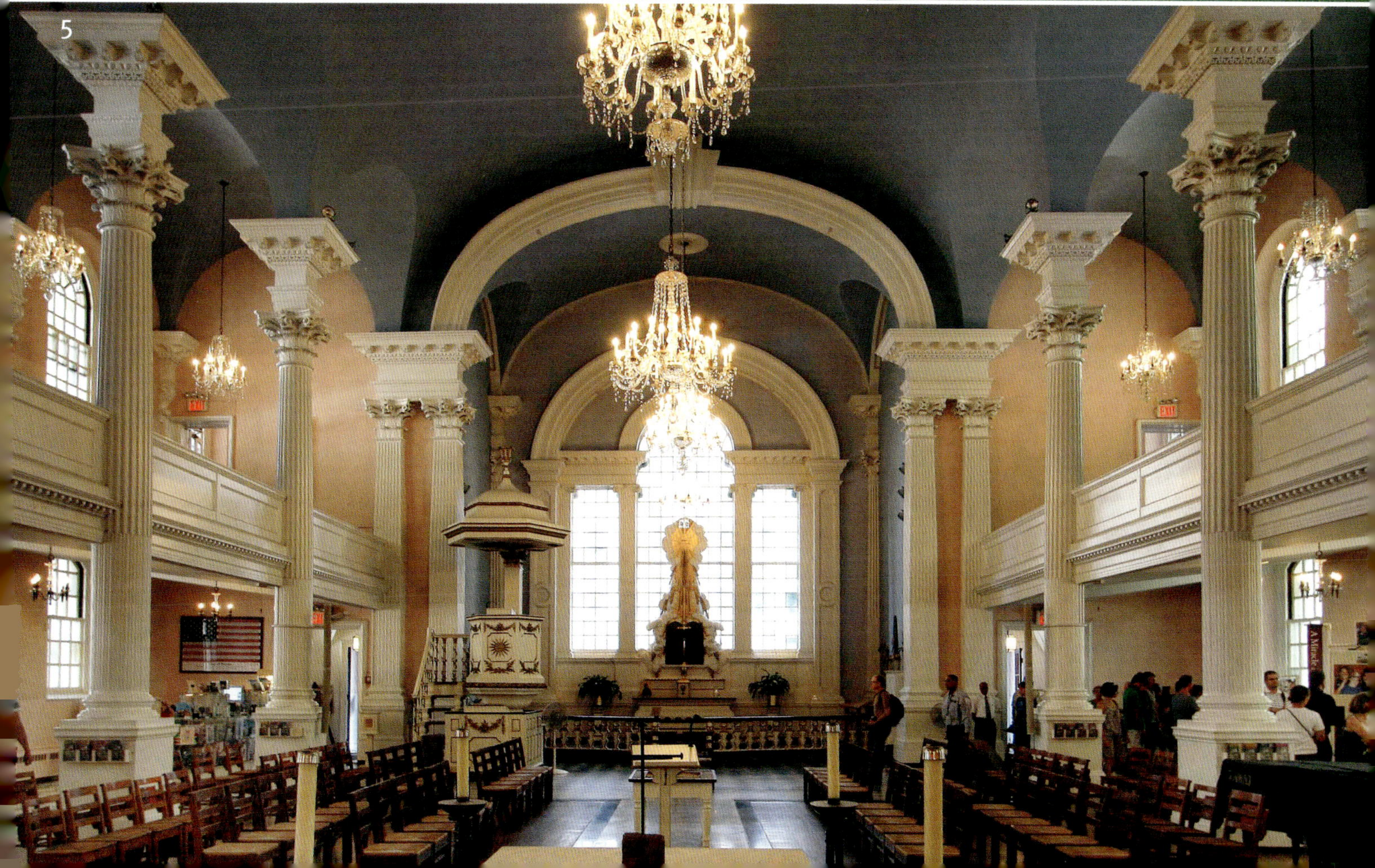
5

stand 1846 im neogotischen Stil nach Plänen von Richard Upjohn und ist mit Bronzetüren im Stil der Florentiner Paradiestür von Lorenzo Ghiberti und deutschen Buntglasfenstern versehen.

Nur wenige Blocks weiter nordwärts gibt sich auch die St. Paul's Chapel inmitten all der protzigen Hochhausbauten am Broadway ganz bescheiden. Lange Zeit war die St. Paul's Chapel in erster Linie wegen ihrer lange zurückreichenden Geschichte bekannt. Sie ist die einzige erhaltene Kirche New Yorks aus der Zeit vor der Unabhängigkeit (Baubeginn 1766). Im Kircheninneren steht »Washington's Pew«, jene Gebetsbank, an der der erste US-Präsident am Tag der Amtseinführung, dem 30. April 1789, gebetet hat.

Internationale Aufmerksamkeit weckte die Kirche am und nach dem 11. September 2001: Während die Welt ringsum unterzugehen schien, blieb St. Paul's Chapel wie ein Fels in der Brandung fast unbeschädigt stehen und diente als Ort der Zuflucht, der Trauer, der Stille – und als Versorgungspunkt.

Von De Vlackte zum City Hall Park

Vergleichsweise »protzig« geben sich die klassizistische City Hall oder das prägnante neugotische Woolworth Building (233 Broadway). Frank W. Woolworth, der sein Kaufhausimperium 1879 mit 5-Cent-Läden gegründet hatte, gab 1913 das Hauptquartier der Firma bei dem Archi-

tekten Cass Gilbert in Auftrag. Die Eröffnung ließ sich nicht einmal Präsident Woodrow Wilson entgehen: Schließlich war das Gebäude damals nicht nur das höchste in New York, sondern sorgte auch mit seinen gotischen Details, den Fledermäusen und Fabelwesen im Stil von Kirchenportalen für Aufsehen.

Frank W. Woolworth wusste durchaus, warum er seine Konzernzentrale 1913 ausgerechnet am City Hall Park errichtete. Seit 1802 das neue New Yorker Rathaus eröffnet worden war, schlug hier das Herz der Stadt. Aus eben diesem Grund befand sich hier auch die »Newspaper Row« (Park Row), ein Straßenabschnitt mit den Redaktionen der wichtigsten New Yorker Tageszeitungen. Um 1900 sollen es fast 20 gewesen sein.

Zu Zeiten der Holländer war der City Hall Park noch eine Wiese, genannt »De Vlackte« – die Viehweide. Als sich die Stadt unter britischer Herrschaft weiter nach Norden ausdehnte, wandelte sie sich zu »The Commons« oder »The Fields«, zur Grünanlage und zum Versammlungsplatz. Hier befand sich auch der Schandpfahl, und ab 1760 trafen sich die »Sons of Liberty«, die nach Unabhängigkeit strebenden Kolonisten. Ihren »Flagpole of Liberty« sägten die Briten immer wieder um, bis es 1770 zur ersten blutigen Konfrontation kam. Der Konflikt gipfelte 1776 in der Proklamation der »Declaration of Independence« durch General George Washington.

1 *Zu den ungewöhnlichsten historischen Wolkenkratzern New Yorks gehört das Woolworth Building.* – 2 *Das historische Rathaus wird von einem Park umgeben.* – 3 *Einst New Yorks höchster Bau: das Woolworth Building.* – 4 *Pause im City Hall Park.* – 5 *Musterbeispiel öffentlichen Bauens im frühen 19. Jahrhundert: New York City Hall.*

1 *Eine ungewöhnliche lebensgroße Skulpturengruppe erinnert an die mutigen Arbeiter, die die ersten Hochhäuser bauten. – 2 Viele öffentliche Plätze in New York schmücken Kunstwerke, zum Beispiel hier eines von Jean Dubuffet vor dem Chase Manhattan Bank Tower. – 3 Die Wurzel eines an »9/11« zerstörten Baums wurde vor der Trinity Church als Erinnerungsmal aufgestellt. – 4 Die Personifikation Amerikas ist eine der Statuen am Zugang zum 1907 erbauten US Custom House.*

Blick vom Brooklyn Bridge Park in DUMBO, einem der angesagten Viertel in Brooklyn, über den East River und die Manhattan Bridge hinüber zur Lower East Side. Im Hintergrund leuchtet das Empire State Building.

Downtown

Chinesische Kramerläden, italienische Pizzerien, Boutiquen, Delis mit biologischen Produkten, trendige Lokale, Studententreffs – in dem nur relativ kleinen Bereich nördlich der Canal Street drängeln sich die unterschiedlichsten Welten auf engstem Raum. Berühmte Sehenswürdigkeiten sind Mangelware, dafür sind die Viertel und ihre Bewohner die eigentliche Attraktion. Oberflächlich betrachtet, wirkt New York im Bereich zwischen den Skyscraper-Landschaften der Südspitze und der von Midtown, also von der Canal bis etwa zur 30th Street, wenig spektakulär. Dennoch schlägt genau hier das Herz der Stadt, denn hier arbeiten die Menschen nicht nur, hier leben sie auch, und zwar in ganz unterschiedlichen faszinierenden Vierteln: in ethnisch geprägten wie Chinatown und Little Italy, historisch gewachsenen wie der Lower East Side und Gramercy, in Künstler- und Aussteigervierteln wie dem Village und SoHo oder auch in hippen Trendvierteln wie TriBeCa und Chelsea.

Das Flatiron Building aus dem Jahr 1902 war bei seiner Fertigstellung eines der höchsten Gebäude in Manhattan. Seine schlichte Architektur besticht heute noch.

Die Gesichter einer Millionenstadt
Chinatown – Lower East Side – SoHo – Village

Die Grenzen zwischen den einzelnen Stadtteilen verfließen, doch die Hauptachsen bleiben die gleichen: der Broadway, der diagonal nordwärts das rechtwinklige Straßenraster durchschneidet, sowie als Ost-West-Querachsen die Canal Street Verbindungsstraße zwischen Brooklyn (Manhattan Bridge) und New Jersey (Holland Tunnel) –, die Houston Street und die 14th Street. Bis Mitte des 17. Jahrhunderts bildete die Steinmauer an der Wall Street die Stadtgrenze. Jenseits lag das Farmland der Großgrundbesitzer, die *bouweries*. Nach Jahren des unkontrollierten Wachstums entschied man sich im Jahr 1811, der Idee des Stadtbaumeisters John Randall zu folgen und alle Straßen nördlich der Houston Street nach einem Rasterprinzip durchzunummerieren – mit Ausnahme des Broadways.

Dim-Sum und Glückskekse

Wer früh morgens im Columbus Park steht, glaubt sich mitten nach China versetzt: Es sind nicht nur die asiatischen Düfte, die durch die Straßen und über den Park ziehen, sondern auch die zahlreichen Chinesen, die nach einer geheimnisvoll wirkenden Choreografie Qigong-Übungen praktizieren. Sie sind Teil einer fremd anmutenden Welt, in der offiziell rund 150 000 Menschen, vor allem aus China, Taiwan und Hongkong, eng gedrängt leben.

New Yorks Chinatown, dessen Zentrum sich zwischen Canal Street, Broadway und Bowery, mit Mott Street und Grand Street als Lebensadern, ausbreitet, vermittelt ein anderes Bild als die Chinatowns vieler anderer Städte. Während etwa die Asiatenviertel San Franciscos oder Vancouvers stark touristisch geprägt sind, geht es hier »authentischer« zu. Noch im 19. Jahrhundert war das Areal um den Columbus Park Teil eines verrufenen Rotlichtviertels. Am »Bloody Angle« (Doyers/Pell Street) spielten sich einst erbitterte Bandenkämpfe ab, und selbst heute haben einzelne mächtige Clans das Sagen. Alles ist fest in chinesischer Hand, von den Restaurants über die Glückskeks-Bäckereien bis hin zu den Läden und kleinen Textilfabriken, deren Arbeits-

bedingungen wohl noch heute jede Gewerkschaft aufschrecken würden.

Pizza und Pasta

Inmitten des asiatischen Gewimmels droht eine kleine ethnische Enklave fast unterzugehen: Little Italy. Hier siedelten sich ab dem späten 19. Jahrhundert rund 40 000 Immigranten an, vor allem aus Süditalien, und schufen ein florierendes Viertel. Während der Festa di San Gennaro am 19. September gedenkt man zwar immer noch des italienischen Erbes, allerdings ist vom Viertel selbst nur mehr ein kleiner Kern an der Mulberry Street, zwischen Grand Street und Central Street, übrig geblieben. Relikte wie »DiPalo« (200 Grand Street), die »Alleva Dairy« (188 Grand Street) – die älteste italienische Käserei der USA –»Ferrara Bakery & Café« (195 Grand Street) oder »Piemonte Ravioli« (190 Grand Street) zeugen noch davon. Die meisten Italienischstämmigen sind mittlerweile in die Vororte gezogen und leben jetzt in den italienischen Vierteln der Bronx oder Brooklyns.

Mitten im ehemaligen Little Italy hat das Museum of the Chinese in the Americas (211–215 Centre Street) sein neues Quartier bezogen. Maya Lin, die bereits das Vietnam Memorial in Washington plante, hat mit ihrem Entwurf ein bereits vorhandenes Gebäude umwelt- und museums-

1 *Chinesische Lebensmittel und Spezialitäten dominieren die Angebotspalette in Chinatown.* – 2 *Um Canal und Mott Street, im Zentrum von Chinatown, dominieren chinesische und andere asiatische Schriftzeichen.* – 3 *New Yorks Little Italy markieren eine Reihe italienischer Cafés und Pizzerien.*

Holland Tunnel
珠宝中心
JEWELRY CENTER
金帝国
GOLDEN EMPIRE
珠宝中心
JEWELRY CENTER
ONE WAY

2

167 MULBERRY ST
RISTORANTE
ZAGAT RATED
MELA is OPEN till 2 AM
PUSH
Lunella
RISTORANTE
GROTTA AZZURRA
JEWELRY

3

KATZ'S DELICATES
ONE WAY
WAY
E HOUSTON ST
Katz's
"THAT'S ALL"
KATZ'S
DELICATESSEN
BEST SANDWICH IN TOWN
KATZ'S
DELICATESSEN
KNOWN AS THE BEST
KATZ'S
FRANKFURTERS
NYC TAXI
NYC TAXI

1

2

freundlich umgestaltet. Um einen Innenhof reihen sich die Ausstellungssäle, wobei der Schwerpunkt auf 160 Jahren chinesisch-amerikanischer Geschichte sowie Kunst und Kultur der in Nordamerika lebenden Chinesen liegt, dokumentiert durch 60 000 Briefe und Dokumente, Tonaufnahmen, Kleidung und Textilien, Fotos und interaktive Medien.

Leben in Mietskasernen

Little Italy und Chinatown sind Teile der Lower East Side, die sich zwischen Broadway und East River sowie Canal Street und 14th Street ausbreitet. Unter welch katastrophalen hygienischen Zuständen und in welch bedrückender Enge die Menschen einst in den Mietskasernen dieses Stadtteils lebten, darüber informiert eindrucksvoll das Lower East Side Tenement Museum (108 Orchard Street). In einem Mietshaus aus den 1860er-Jahren legen einzelne Wohnungen Zeugnis von der Geschichte und Lebensweise der Einwanderer – deutsche und osteuropäische Juden sowie Iren und Italiener – in New York um 1879 ab. Diese Haustouren sowie Walking Touren durch das Viertel beginnen im nahe gelegenen Visitor Center (108 Orchard Street), wo es vielerlei Informationen, einen Film und einen Shop gibt.

Um 1900 drängten sich in dem Viertel eine halbe Million jüdischer Zuwanderer, überwiegend aus Osteuropa. Nach der Einweihung der Williamsburg Bridge im Jahr 1903 flohen diejenigen, die es sich leisten konnten, über die Brücke nach Brooklyn, wo sich in Williamsburg oder Crown Heights noch heute große chassidisch-jüdische Gemeinden befinden. Die jüdischen Immigranten haben das Leben in New York seither maßgeblich mitbestimmt. Sie kontrollieren den Handel, besonders den gewinnträchtigen Diamantenhandel, ihre jiddische Sprache hat das Vokabular beeinflusst, und ihre Delis bieten das wohl beste Feinkostsortiment der ganzen Stadt.

Im Orchard Street Bargain District sind viele der Billigläden, die vorwiegend Textilien und Lederwaren führen, in jüdischem Besitz, und auch die Eldridge Street Synagogue von 1887 erinnert an die große jüdische Vergangenheit des Viertels. Kulinarisch gesehen hat sich in der Lower East Side nur wenig Jüdisches erhalten – Läden und Delis wie »Katz's Delicatessen« (205 E. Houston Street) – ein berühmter Delikatessenladen mit Lokal von 1888, »Russ & Daughters« (179 E. Houston Street), ein *appetizer store* von 1914, »Kossar's Bialys« (367 Grand Street), eine jüdische Bäckerei und »Streit's Matzo Bakery«, (150 Rivington Street), die sich auf das jüdische Fastenbrot »Matzen« spezialisiert hat. Bei »Yonah Schimmel's« (137 E. Houston Street) gibt es die besten *knishes* und die »Pickle Guys« (49 Essex Street) haben sich mit Gurken und anderem Sauereingelegtem einen Namen gemacht. Am ein-

1 *»Katz's Delicatessen« gehört zu den alteingesessenen Institutionen in der Lower East Side.* – 2 *Die Stimmung steigt: In diesem irischen Pub gibt es nicht nur Guiness-Bier.* – 3 *Wo anders als in Little Italy könnte dieses Haus stehen?* – 4 *Verkaufsstand an der Mulberry Street.* – 5 *In einem italienischen* alimentari *in Little Italy.*

fachsten lässt sich die kulinarische Szene der Lower East Side übrigens auf einer Tour von »Enthusiastic Gourmet« mit Susan Rosenbaum entdecken.

»Klein Deutschland« und trinkfreudige Iren

Lebensmittelhändler sind stets Deutsche … Dicht an dicht sitzen sie vor vollen Humpen, mampfen Brot und Käse und tun ihren Seelen Gutes an« –, so beschrieb

Karl Theodor Griesinger 1858 die Lower East Side in seinem Werk »Lebende Bilder aus Amerika«. Damals waren hier neben Juden rund eine Million Deutsche zu Hause, und deshalb nannte man das Areal um die Bowery auch »Klein Deutschland«. Heute sind die deutschen Turnvereine, Bierhallen und -gärten ein Stück Vergangenheit, auch der legendäre »Deutsche Wintergarten« ist verschwunden.

Ab 1900 zogen die meisten deutschen Immigranten nach Yorkville auf der Upper East Side um, wobei ein einschneidendes Ereignis zum Niedergang des Viertels beitrug: Im Jahr 1904 fing der Dampfer, mit dem die deutsche Kirchengemeinde einen Ausflug unternommen hatte, Feuer und sank; über 1000 Deutschstämmige kamen dabei ums Leben. Westlich der Bowery, im gleichnamigen Viertel, siedelte sich eine zweite Bevölkerungsgruppe an, die die puritanischen New Yorker ebenfalls wegen ihrer Lebensfreude und Trinklust argwöhnisch beäugten: die Iren. Die Region hatte in den 1860er-Jahren wegen der katastrophalen Wohnverhältnisse und krimineller Banden, die hier ihr Unwesen trieben, einen üblen Ruf. Hingegen galt die Bowery selbst als irisch-deutsches Vergnügungsviertel mit vielen Bier- und Tanzhallen, Schießbuden, Lotterieständen und der »Säufermeile« Skid Row. Heute befindet sich die Bowery im Wandel. Ein Indiz dafür ist das New Museum of Contemporary Art (235 Bowery). Dieser spektakuläre Neubau aus mehreren Kuben, entworfen vom Architekturbüro SANAA, hat die Kunstszene in der Lower East Side aufgemöbelt und bietet

Säle mit zeitgenössischer Kunst, ein Theater, ein Medienzentrum, eine Bibliothek sowie ein Café und eine Dachterrasse.

Zentrum der New Yorker Avantgarde

Eine ganz andere Seite von New York zeigen SoHo und TriBeCa, westlich des Broadway Richtung Hudson River gelegen. Besonders SoHo steht synonym für die künstlerische Avantgarde der Stadt. Inzwischen vermarkten viele amerikanische Städte ihre eigenen »SoHos«, doch korrekt steht die Abkürzung allein für »South of Houston«, also für die Lage zwischen Houston Street und Canal Street. Auch TriBeCa ist eine Kurzform, nämlich für »Triangle Below Canal«, und umfasst das Areal südwärts der Canal bis zur Chambers Street.

SoHos Markenzeichen ist seine besondere Architektur. In der zweiten Hälfte des 19. Jahrhunderts entstanden hier Lagerhäuser und Fabrikbauten, vor allem Nähfabriken. Wegen ihrer speziellen Bauweise – bestehend aus einem Skelett aus Eisenträgern und zwischengeschobenen vorgefertigten Fassadenplatten aus Gusseisen – nannte man die Bauten »Cast Iron Buildings«. Als man die ausgedienten Zweckbauten in den 1960er-Jahren abreißen wollte, regte sich heftiger Widerstand, und das hässliche Fabrikareal mutierte nach und nach zum Vorzeigeviertel.

Heute gilt der denkmalgeschützte »Cast-Iron-District« als das Viertel der Künstler und Aussteiger. Ateliers und Werkstätten,

1 Ein Denkmal für einen Schneider erinnert an die Bedeutung von SoHo als einstiges Zentrum der Bekleidungsindustrie. – 2 Wahrzeichen von SoHo sind die Cast Iron Buildings mit einem Skelett aus Eisenträgern und vorgeblendeten Fassadenplatten.

Avantgarde- und Designer-Shops, Galerien und Cafés sind in den unteren Etagen der renovierten Lagerhäuser eingezogen, oben machen sich geräumige Lofts breit. Vor allem im Areal zwischen Grand Street und Houston Street, Broadway und West Broadway boomt die alternative Szene. Am West Broadway, der ansonsten ruhigen Lebensader mit exklusiven Läden, Boutiquen und Cafés, haben sich die bedeutendsten Kunstgalerien der Stadt angesiedelt, beispielsweise die von Leo Castelli, dem legendären Entdecker von Jasper Johns und Roy Lichtenstein.

Besonders viele Cast Iron Buildings aus den Jahren zwischen 1869 und 1895 sind entlang der Hauptachse Greene Street zwischen Broome Street und Spring Street zu finden. Am Broadway locken ebenfalls Läden und Lokale, aber auch sehenswerte alte Skyscraper wie das Singer Building (Nr. 561-63) von 1904, das New Era (Nr. 495) oder das Haughwout Building, in dem es im Jahr 1857 den ersten dampfbetriebenen Fahrstuhl gab.

Da SoHo mittlerweile für die meisten Aussteiger und Künstler nicht mehr erschwinglich ist, erfreut sich das südwestlich anschließende Viertel TriBeCa zunehmender Beliebtheit. Mit seinen hohen Backsteinhäusern und Lagerhallen gleicht es noch stärker als SoHo einem Industrieviertel. Aber auch hier sind nette Lokale und Läden, Galerien und Bars in die alten Zweckbauten eingezogen. Sehenswerte Gebäude dieser Art liegen insbesondere an der Harrison Street und an der White Street.

In der Heimat der Boheme

Im Zentrum von Downtown New York liegt das berühmte Greenwich Village, kurz »Village« genannt. »Greenwich Village ist wie Schwabing plus Montmartre im Quadrat«, meinte einmal der deutsche Immigrant und Schriftsteller Hermann Kesten. Im 20. Jahrhundert war aus dem einstmals verschlafenen Dorf, das sich die wuchernde Metropole zu Anfang des 19. Jahrhunderts einverleibte, ein Sammelpunkt der Boheme, der Künstler und Avantgardisten, der Studenten, Homosexuellen und Aussteiger geworden. Greenwich Village breitet sich westlich des Broadway zwischen Houston Street und 14th Street zum Hudson River hin aus. »West Village« nennt man den Weststreifen dieses Areals, während sich das »East Village« östlich des Broadways Richtung East River erstreckt.

Um die Viertel kennenzulernen, bietet es sich an, einfach durch die Straßen zu schlendern. Astor Place, der Verkehrsknotenpunkt von Greenwich Village und East Village, liegt zwischen Broadway, Bowery, 7th und 8th Street und ist hierfür der ideale Ausgangspunkt. Zu den markanten Punkten im Village gehört die 1831 gegründete New York University, deren Bauten den geschichtsträchtigen Washington Square rahmen. Studenten, Künstler

1 Flohmärkte wie dieser im Village sind im Sommer verbreitet. – 2 SoHo steht synonym für die künstlerische Avantgarde und bietet das ultimative Shoppingerlebnis. – 3 Vorführung auf einer Feuerleiter in SoHo. – 4 Zu Halloween herrscht im Village Karnevalsstimmung. – 5 In SoHo trifft sich, wer sehen und gesehen werden will.

und Literaten siedelten sich traditionell rings um den Platz an. Zu den berühmtesten Bewohnern des Viertels zählten John Dos Passos, Edward Hopper und Henry James. Heute ist die Anwohnerschaft wohlhabender und der Platz vor allem Treff und Erholungsort für Bewohner und Studenten, allerdings ist die Atmosphäre noch immer bunt und skurril. Einst befand sich hier ein Friedhof, dann eine Duellier- und Hinrichtungsstätte und schließlich ein Amüsierplatz der Boheme, auf dem 1916 Marcel Duchamp und John

Sloan die »Freie und Unabhängige Republik Washington Square« ausriefen. Wahrzeichen ist der Washington Arch – hier versammelte 1776 General George Washington seine Truppen.

Wo (fast) alles erlaubt ist

Taucht man tiefer in das Viertel ein, stößt man im Greenwich Village Historic District auf ein ganz anderes Stück New York. Um die Hauptachse Christopher Street liegen legendäre Bars und Nachtclubs wie »Duplex« (Nr. 61), in dem schon Barbra Streisand und Dick Cavett auftraten, das 1955 eröffnete »Lucille Lortel Theatre« (Nr. 121) oder die historische »Stonewall Bar« (Sheridan Square). Letzteres war als »Lion's Head« beliebter Treff von Schriftstellern, unter anderem von Tennessee Williams, Dylan Thomas und Norman Mailer. Die Christopher Street wurde durch die »Christopher Street Day Parade« weltberühmt. Mit diesem alljährlich im Juni stattfindenden bunten Umzug und Straßenfest feiert sich inzwischen beileibe nicht mehr ausschließlich die schwule Szene New Yorks. Doch ihr ist es zu verdanken, dass sich in den späten 1960er-Jahren der Mief der konservativen Umwelt verzog. In die Schlagzeilen gerieten 1969 die »Stonewall Riots«: Als Pläne über die Schließung der Homo-Bar »Stonewall Inn« kursierten, sperrte man kurzerhand die Polizei in dem Lokal ein. Zu den Klassikern des Village gehört der Jazzclub »Village Vanguard« (178 7th Avenue), von Liebhabern der Szene als »Carnegie Hall des Jazz« bezeichnet. Hier traten schon legendäre Musiker wie Charlie Parker, Miles Davis, Wynton Marsalis, aber auch Woody Guthrie oder Harry Belafonte auf. Als Country-Musiker hätte auch der ebenfalls im Village wohnende Kinky Friedman hierher gepasst, doch hat er sich verstärkt dem Krimi-Schreiben zugewandt. Der 1945 in Texas geborene Jude und »Stadt-Cowboy« ist der Prototyp des ausgeflippten Village-Bohemien.

Es gibt aber auch ruhige und beschauliche Ecken im Village. Gerade im Areal um die Bleecker Street und die Bedford Street fällt neben Läden, Cafés und Lokalen viel historische Bausubstanz auf. Hübsche Reihenhäuser beispielsweise wie das Isaacs-Hendricks House (77 Bedford Street) oder das nur 2,90 Meter breite und damit schmalste Haus der Stadt von 1893 (Nr. 75 1/2). Eindrucksvoller ist »Twin Peaks« (Nr. 102) von 1830 im englischen Tudor-Stil. Die Reihenhäuser am Luke's Place (Hudson Park Street) kommen jedem bekannt vor, der die »Cosby Show« kennt: Die Nummer zehn diente als Kulisse bei Außenaufnahmen.

Revival des East Village

Es ist ein besonderes Erlebnis, sich im East Village treiben zu lassen, um kuriose Läden, avantgardistische Theater, Straßencafés und Überbleibsel der Hippieszene in dem Areal zwischen der 6th und der 7th Street und der 2nd und der 3rd Avenue zu erkunden. In den späten 1980er-Jahren hatte sich auch das East Village zum angesagten Treff von Musikern, Künstlern und Punks entwickelt, und wie im Greenwich Village war auch hier ein buntes Völkchen

1 *Lange vernachlässigt, werden die Bauten im Village inzwischen liebevoll instand gehalten. – 2 Der Washington Square mit seinem strahlend weißen Triumphbogen ist das Wahrzeichen des Village.*

1

2 70 WEST VILLAGE FLORIST

zusammengekommen. Im Süden des East Village, nahe Houston Street und Ludlow Street, ist erst in letzter Zeit eine neue Avantgarde-Meile mit Off- und Off-off-Broadway-Bühnen, Cafés, Clubs und Kneipen entstanden.

Es gibt aber auch noch einige historische Relikte zu bestaunen, beispielsweise die Cooper Union (41 Cooper Square), seit 1859 kostenlose Ausbildungsstätte und Veranstaltungsort. Erst kürzlich erhielt sie einen spektakulären neuen Anbau, das »New Academic Building« (41 Cooper Square, 6th–7th Street) vom Reißbrett der kalifornischen Firma Morphosis (Thom Mayne). Wieder historisch dann die Lafayette Colonnade Row, eine kuriose Reihe von Stadthäusern mit gemeinsamer Monumentalfassade in Gestalt eines griechischen Tempels. Schon zur Entstehungszeit im Jahr 1833 wohnten hier Berühmtheiten wie Washington Irving und Charles Dickens. Die wichtigste Kirche im East Village ist die St. Mark's-in-the-Bowery Church (131 E 10th Street). 1799 erbaut, ist sie das zweitälteste Gotteshaus der Stadt. Auf dem zugehörigen Friedhof liegt neben anderen prominenten New Yorkern auch der erste Gouverneur Neu-Amsterdams, Peter Stuyvesant, begraben. Gegenüber lädt eine »Abe Lebewohl's 2nd Ave. Deli«, zum Imbiss ein.

Bummel auf der Ladies' Mile

Jeder kennt die Fifth Avenue. Doch die meisten denken dabei vor allem an den Abschnitt in Midtown zwischen Rockefeller Center und Central Park. Dabei flanierten schon die Damen der feinen Gesellschaft im 19. Jahrhundert auf der Fifth Avenue, aber eben nicht in Midtown, sondern im »Flatiron District« und auf dem Broadway – zwischen 14th Street und Madison Square Park. Die 14. Straße fungiert übrigens als wichtige Trennlinie. Südlich davon liegen das Village und Lower Manhattan, nördlich bilden die beiden Viertel Chelsea und Gramercy einen Puffer zum geschäftigen Midtown mit seiner beeindruckenden Wolkenkratzerkulisse. Zwei Platzanlagen bilden die zentralen Angelpunkte: Union Square und Madison Square Park.

Bereits 1839 war der Union Square entstanden, der traditionell bevorzugte Demonstrationsort der New Yorker. Nachdem der Platz in den 1980er-Jahren zum Drogenumschlagplatz verkam und das ganze Viertel das einst vornehme Flair der »New Yorker Geschäftswelt« kaum noch erahnen ließ, setzten Sanierungsmaßnahmen ein, die mittlerweile wieder etwas vom alten Glanz zurückgebracht haben. Berühmt wurde der Platz aber auch wegen seiner Künstlerateliers, darunter dem von Andy Warhol an der Nordwestecke. Der weltweit gefeierte »Papst des Pops« unterhielt am Union Square in den 1960er-Jahren sein Atelier, die sogenannte »Factory«. Kürzlich wurde ihm zu Ehren dort eine Statue aufgestellt. In den 1960er-Jahren sorgte eine Kunstrichtung in New York weltweit für Schlagzeilen: Pop Art.

Typisch amerikanische Objekte wie Fastfood-Restaurants, Reklametafeln, Geldscheine, Konservendosen, Comics oder Pressefotos betrachtete man als darstellungswürdig, und Alltagsgegenstände oder Müll setzte man als neue Medien ein. Neben Jasper Johns gehörten Robert Rauschenberg, Jim Dine, Roy Lichtenstein, James Rosenquist, Tom Wesselmann, George Segal, Claas Oldenburg und eben Andy Warhol zu den Protagonisten dieser Kunstrichtung.

1 *Bunt und surreal: Moderne Wandmalerei an einer Hauswand in der Houston Street.* – 2 *Unter den ausgeflippten Läden im West Village wirkt dieser Blumenladen ganz gewöhnlich.* – 3 *Beliebt zum Drink am St. Mark's Place: »Simone Espresso & Wine Bar«.*

Gramercy und Bügeleisenbau

Im Osten des Union Square breitet sich Gramercy aus, das zu Beginn des 19. Jahrhunderts als städteplanerisch wegweisendes Viertel mit vier Plätzen und den exklusiven Häusern prominenter Bürger entstand. Architektonisch sehenswert ist besonders das Areal um den 1840 angelegten Gramercy Park, dem einzigen Privat-

park Manhattans, dessen Nutzung den Anliegern sowie den Gästen des feinen »Gramercy Hotels« vorbehalten ist. Für Besucher tabu sind auch die zahlreichen altehrwürdigen Clubs ringsum, nicht aber das Geburtshaus Theodore Roosevelts (28 E 20th Street), des 26. US-Präsidenten. Den Kreuzungspunkt von Ladies' Mile (5th Avenue) und Broadway am Madison Square Park markiert eines der Wahrzeichen New Yorks, das Flatiron Building.

Als man das »Bügeleisen« – so genannt wegen seines Grundrisses – nach Plänen des Chicagoer Architekten David Burnham 1902 eröffnete, zählte es mit 87 m zu den damals höchsten Gebäuden, war ein Meilenstein in Sachen Hochhausbau und ein Wahrzeichen der Stadt. Es galt zugleich als »verrücktes« Gebäude – daher der Name »Burnham's Folly« –, obwohl schon 1892 in Toronto mit dem Gooderham Building ein Bau selben Grundrisses entstanden war und 1896 ein ganz ähnlicher Bau in Atlanta. Von einem kleinen verkehrsberuhigten und begrünten Platz am Broadway mit Sitzgelegenheiten kann man das Hochhaus, das auch als Kulisse der »Spider-Man«-Filme diente, heute in Ruhe betrachten.

Weitere Beispiele aus der Anfangsphase des Hochhausbaus wie etwa das Metropolitan Life Insurance Company Building oder auch das New York Life Insurance Company Building sowie der neue Gourmetmarkt »Eataly« befinden sich im Umkreis des Madison Square Park.

Abgerissen hat man hingegen die erste berühmte Sporthalle New Yorks mit dem Namen »Madison Square Garden«. 1925 ersetzte ein Neubau weiter nördlich diese Halle, 1968 eröffnete die heutige Arena in Midtown ihre Pforten.

Im »Bermuda-Dreieck«

Westlich der Achse Union Square und Madison Square Park sowie 30th Street breitet sich das Viertel Chelsea bis zum Hudson River aus. Wie Gramercy war die Region um 1750 noch Farmland, dann entstand ein Wohnviertel für die Mittelklasse und in Flussnähe ein Lagerhausbezirk. Berühmt geworden ist das »Chelsea Hotel« (222 W 23rd Street) – dessen Zukunft derzeit ungewiss ist – als Treff und Domizil bekannter Literaten und Musiker, darunter Arthur Miller, Ernest Hemingway, Bob Dylan und Jack Kerouac. 1884 eröffnet, steht es seit 1984 unter Denkmalschutz, ist jedoch derzeit geschlossen. Ähnlichen Ruf genießt das »Hotel 17« (225 E 17th Street) in Gramercy. Sein Mythos als »Sex & Drugs & Rock 'n' Roll«-Hotel kam in den 1990er-Jahren auf – dank wilder Partys und illustrer Gäste wie David Bowie, Madonna, Woody Allen, Bob Dylan und Alice Cooper.

Die 14th Street ist eine Mischung aus Bazar, Flanier- und Restaurantmeile mit einer lebendigen, multikulturellen, zunehmend von Latinos geprägten Szene. Am Übergang zwischen Greenwich Village und Chelsea, ganz im Westen, liegt New Yorks »Bermuda-Dreieck«. Besonders zwischen 14th Street, Gansevoort Street und Hudson Street häufen sich Bars, Night- und Sex-Clubs. Nördlich der

1 *Italienische Spezialitäten gibt es bei Eataly am Madison Square, dem größten* alimentari *New Yorks.* – 2 *Das legendäre Flatiron Building einmal hautnah.* – 3 *Vor einem der Shops im Village.*

2

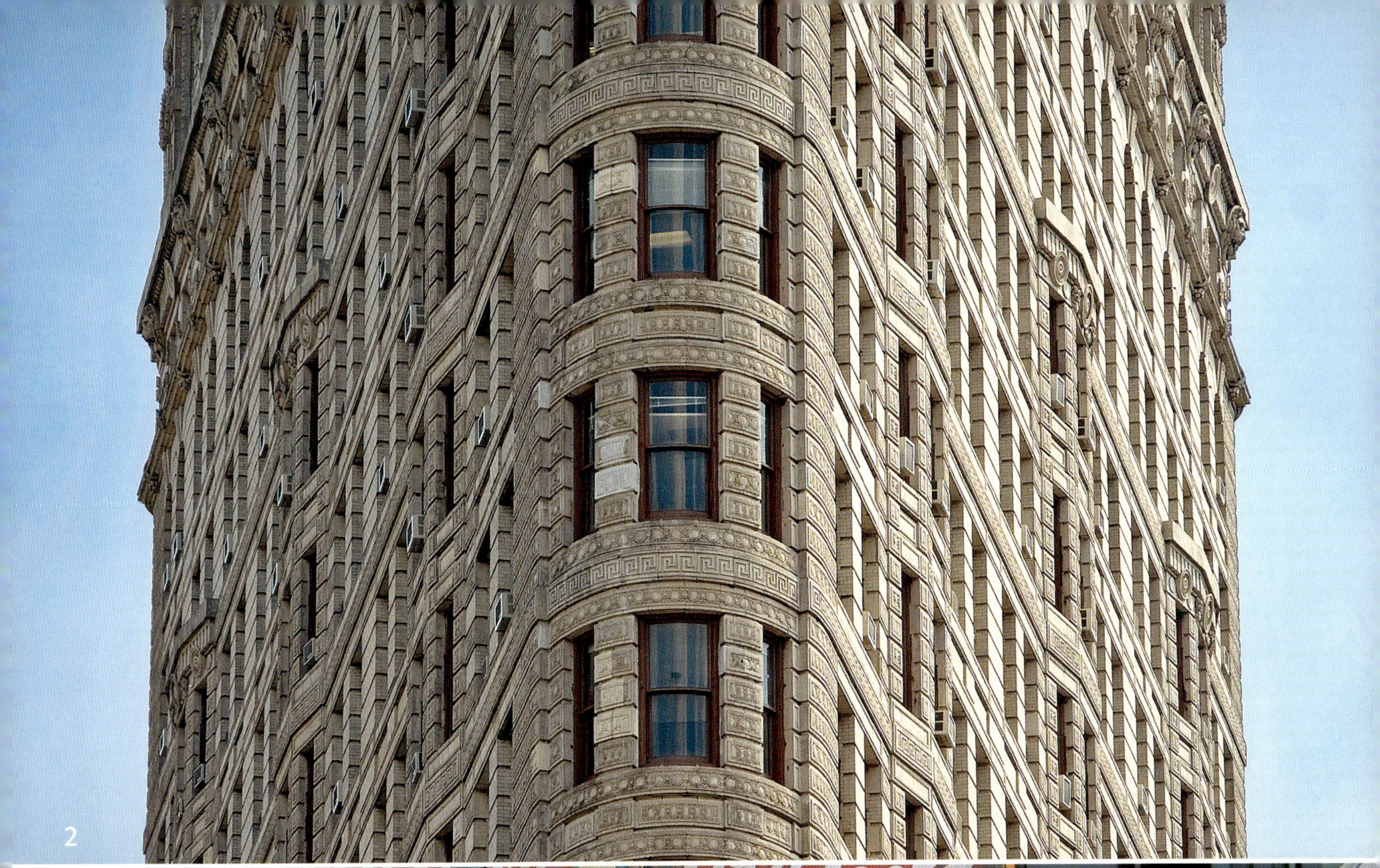

3

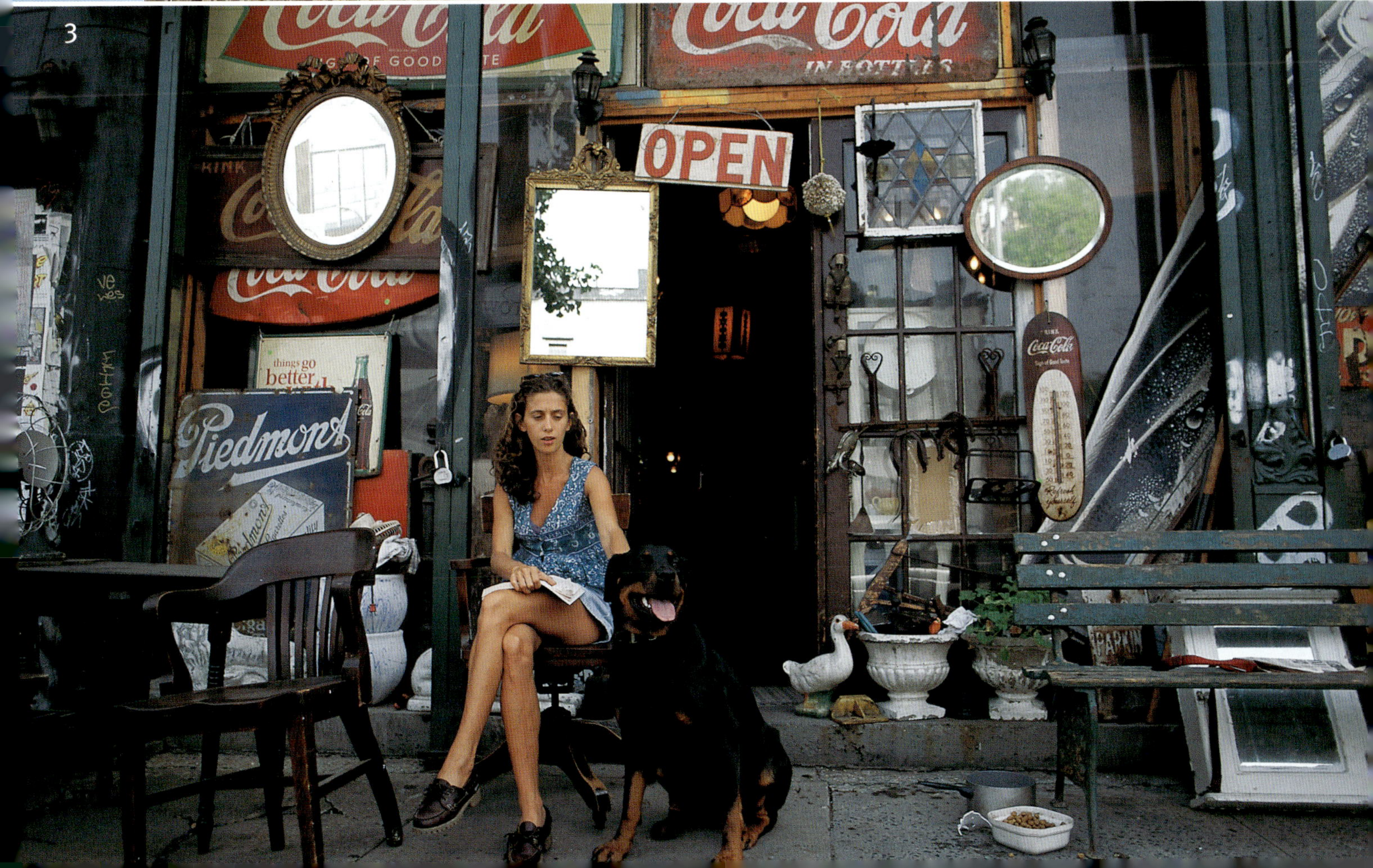

1

2

14. Straße rücken dann die Industrieareale stärker in den Vordergrund – Müllverbrennungsanlage, Fleischmarkt und die alten Hafenpiers. Hier liegt aber auch eine New Yorker Institution: das »Old Homestead Restaurant« (9th Avenue/14th Street) von 1866, das älteste noch betriebene Steakhouse der Stadt.

Schick gewordenes Schlachthofviertel

Diesen Teil von Chelsea, vor allem den »Meatpacking District«, entdecken die New Yorker seit Beginn der 1990er-Jahre als attraktive Adresse. Hauptachse ist die Gansevoort Street und dort befindet sich an der Ecke 9th Avenue auch das schicke »Gansevoort Hotel«. Der Meatpacking District war einst das wenig attraktive Schlachthofviertel der Stadt mit Metzgereien, Fleischlagerhallen und Kühlhäusern. Es wurde von einer Hochbahntrasse, der »High Line«, durchschnitten. Diese Hochbahn wurde von 1929 bis 1934 als Hochviadukt in Stahl erbaut, 1980 stillgelegt und ab 1999 als »High Line Project« reanimiert. Zu der neuen parkartigen Promenade gehören kleine Platzanlagen, diverse Kunstinstallationen, Sonnendecks, Veranstaltungsflächen und Bänke sowie eine Begrünung mit ursprünglich hier wachsenden Stauden und Gräsern. Die beiden Abschnitte zwischen Gansevoort und W 20th Street sowie weiter zur 30th Street sind bereits fertiggestellt, jener bis

zur 34th Street/Javits Convention Center ist noch in Planung.

Rings um die neue Promenade, vor allem entlang der Washington Street, eröffneten Boutiquen und Galerien, ausgefallene Lokale, Cafés und Bars. Nicht versäumen sollte man ein Stückchen weiter nördlich den Chelsea Market in einer renovierten Keksfabrik.

Grün und »umweltfreundlich« ist auch die Anlage des Manhattan Waterfront Greenway, eine knapp 50 km lange Route, die als begrünter Geh- und Radweg direkt am Ufer von East und Harlem River fast die gesamte Insel umrundet. Einen Teil bildet die Hudson River Park Promenade, die sich später einmal vom Battery Park bis zur 60th Street hinaufziehen soll. Integriert und zu Freizeit- und Erholungszwecken attraktiv umgestaltet wurden unlängst alte Pieranlagen wie Pier 45, 66 und 84 am Hudson River, während die Chelsea Piers, wo einst die großen Überseedampfer anlegten, bereits seit Längerem als »Sports Village« fungieren. Überhaupt ist West Chelsea dabei, sich zum lebhaften Viertel mit höchst gemischtem Publikum zu entwickeln. Galerien, Penthäuser und Apartmentblöcke, Hotels und Restaurants verdrängen Sozialwohnanlagen. Das Quartier ist schick geworden. Vom alten Chelsea sind im Umkreis des Chelsea Square immer noch Straßenzüge mit den typischen Reihenhäusern aus den 1830er-Jahren erhalten.

1 *Beliebte Unterkunft mit maritimem Flair im angesagten Meatpacking District: das »Maritime Hotel«. – 2 Das »Hotel Gansevoort« hat viel zur Renaissance des ehemaligen Schlachthofviertels beigetragen. – 3 Die Zukunft des legendären »Chelsea Hotel« ist ungewiss. Es ist derzeit geschlossen. – 4 Spezialitäten aller Art gibt es im Chelsea Market im Meatpacking District.– 5 Am Chelsea Pier vergnügen sich die New Yorker auf ihren Jachten oder auf Sportplätzen.*

Nach langwieriger und kostenintensiver Restaurierung erstrahlt die Eldridge Street Synagogue im Lower East Side wieder in neuem Glanz.

Seite 76/77
1 *New Yorks Kunstszene ist vielseitig: hier eine lustige Skulptur auf einem Spielplatz. – 2 Ungewöhnliche Perspektiven: Blick durch die Skulptur des Künstlers Jean Dubuffet. – 3 Die berühmten Venus-Skulpturen von Jim Dine stehen an der Avenue of the Americas.*

Midtown

Nirgendwo sonst in New York konzentrieren sich auf einem Areal so viele Attraktionen und Wahrzeichen wie in Midtown. Vom geschäftigen Times Square, dem Zentrum des Theaterdistrikts mit seinen flimmernden Reklametafeln, über die Shoppingmeile Fifth Avenue, »Macy's« und MoMA bis hin zum Empire State Building, der Radio City Music Hall und dem Rockefeller Center. Midtown gilt zu Recht als das Kerngehäuse des »Big Apple«, und das nicht allein wegen der Ballung von Attraktionen, Geschäften, Museen, Theatern, Restaurants und Hotels. Midtown bildet gleichzeitig so etwas wie das geografische Zentrum Manhattans. Das Areal zwischen 34th und 59th Street setzt sich genau genommen aus mehreren Teilen zusammen: Lower Midtown mit dem Times Square, dem Theater District und dem UN-Komplex sowie Upper Midtown um das Rockefeller Center und die Fifth Avenue bis hinauf zum Central Park. Dabei bilden der Garment District und Murray Hill im Süden eine Pufferzone zwischen beiden.

Blick vom Dach des »Cooper Square Hotel« im East Village auf die Skyline Manhattans mit dem unübersehbaren Empire State Building.

Unterwegs im Herzen von Manhattan
Times Square – Empire State Building – MoMA – Fifth Avenue

Die meisten New-York-Besucher machen in Midtown erstmals Bekanntschaft mit der Weltmetropole – allein schon deshalb, weil hier die meisten Hotels liegen. Dass New York tatsächlich niemals schläft, bestätigt sich ebenfalls hier. Zu jeder Tages- und Nachtzeit findet man hier einen offenen Laden oder Imbiss, herrscht Trubel und Lärm, tost der Verkehr, blinken die Leuchtreklamen und drängeln sich Menschentrauben auf den Gehwegen. Eine Besichtigung Midtowns braucht Zeit, das Areal ist groß und vielseitig: Hier kann man bummeln und shoppen, sich Broadway-Shows ansehen, im MoMA

moderne Kunst bewundern, im Grand Central Terminal vom Goldenen Zeitalter der Eisenbahn träumen, den UN-Komplex besichtigen, vom Empire State Building oder Rockefeller Center den Ausblick genießen oder aber mit den New Yorker Fans im Madison Square Garden die Rangers (Eishockey) oder Knicks (Basketball) anfeuern.

Altehrwürdige Institutionen

Den Übergang von den Vierteln Chelsea und Gramercy zu Lower Midtown bilden der Garment District sowie Murray Hill. Letzteres ist ein eher ruhiges Viertel, in dem sich jedoch ein wenig bekanntes Juwel verbirgt: The Morgan Library & Museum (225 Madison Avenue/36th Street). Das berühmte New Yorker Architekturbüro McKim, Mead & White errichtete die Bibliothek von 1902 bis 1906 im Stil eines Renaissancepalazzos. Kern des Bestands ist die Büchersammlung des Bankiers J. Pierpont Morgan (1837–1913). Der Stolz der Bibliothek sind alte Manuskripte, Zeichnungen und Drucke, unter anderem von Albrecht Dürer, Charles Dickens, Mark Twain, Thomas Jefferson, Albert Einstein, Abraham Lincoln, John Steinbeck und Voltaire. Im Oktober 2010 wurden nach einer 4,5-Millionen-Dollar-Renovierung in der Morgan Library die »Historic McKim Rooms« neu eröffnet –

1906 von McKim, Mead & White im Hochrenaissance-Stil erbaut. Damit sind nun auch Pierpont Morgans Privatsafe und das Büro des Bibliothekars zu besichtigen. Ebenso angesehen ist die New York Public Library am Rand des Bryant Park. Hier kann der Benutzer aus über sechs Millionen Büchern und 17 Millionen Dokumenten wählen. Die Sammlung in dem Beaux-Arts-Prachtbau von 1911 geht auf eine Buchstiftung von J. J. Astor und James Lenox zurück. Heute verfügt die öffentliche Bibliothek über fast 100 Filialen und über sieben Millionen registrierte Leser in der ganzen Stadt. Sehenswert ist der weltweit größte Lesesaal mit 140 Kilometer Regalen und einer Zeitschriftenabteilung mit über 10 000 Zeitungen aus mehr als 100 Ländern.

Der Park selbst zählt zu den schönsten Plätzen in Midtown. Unter Bäumen kann man hier gut sitzen, es gibt eine Großleinwand für Openair-Kino und eine Bühne für Konzerte. Im Sommer finden zahlreiche kostenlose Veranstaltungen wie »Broadway in Bryant Park«, Lunch-Konzerte, aber auch Lesungen und Kurse statt. Gerahmt wird die Grünanlage von der pulsierenden 42nd Street. Architektonisch herausragend sind an dieser Straße das neue Bank of America Building, ein wegweisender »grüner« Bau, und das Grace Building von SOM mit markant schräger Sockelzone.

1 Blick in die die New York Public Library, eine der größten öffentlichen Bibliotheken der USA. – 2 An einem Fußübergang in Midtown Manhattan. – 3 Um den zentralen Bryant Park reihen sich etliche der modernsten Wolkenkratzer Manhattans.

TURNS
8AM-8PM
100 - 158
West 34th St
Subway
H&M
JCP
JCPenney
Van Wagner
Bank of America
Subway
WAIT
FOR
WALK
SIGNAL
CHAMPION
Coca-Cola
CHASE
WESC
2

3

»Shop 'til you drop«

Das Zentrum des benachbarten Garment District bildet der Herald Square, Kreuzungspunkt des Broadway mit der Avenue of the Americas (6th Avenue). Der Name erinnert an das Büro der Zeitung »New York Herald«, das sich einst hier befand. Um 1900 genossen Platz und Umfeld noch den zweifelhaften Ruf, eines der Rotlichtviertel der Stadt zu sein. Als dann 1902 jedoch »Macy's« (151 W 34th Street) eröffnete, das nach eigenen Angaben größte Kaufhaus der Welt, entstand im Umkreis allmählich die »Fashion Avenue«, eine bis heute attraktive Shoppingregion mit der Manhattan Mall als Einkaufszentrum und zahlreichen billigen Läden.

Die Geschichte des legendären New Yorker Kaufhauses »Macy's« (151 W 34th Street) konnte nur im »Land der unbeschränkten Möglichkeiten« geschrieben werden. Als nämlich die Walindustrie Mitte des 19. Jahrhunderts niederging, erkannte der ehemalige Walfänger Rowland Hussey Macy (1822–1877) die Zeichen der Zeit und eröffnete nach mehreren gescheiterten Versuchen 1858 einen kleinen Kramerladen an der W 14th Street/6th Avenue, der rasch zum Kaufhaus wuchs und an die illustre »Ladies Mile« umzog. Unter seinen Mitarbeitern befanden sich die geschäftstüchtigen Brüder Isidor – der 1912 mit der »Titanic« unterging – und Nathan Straus, die 1877, als Macy starb, das Geschäft übernahmen. 1902 war man an den Herald Square umgezogen, behielt aber den altem Namen bei. 1924 avancierte »Macy's« nach einer Erweiterung zum »World's Largest Store«, mit 198 500 Quadratmetern und derzeit über 420 Filialen in ganz USA. »Macy's« beschäftigte erstmals eine Frau als Managerin, führte Fixpreise ein, warb in Zeitungen und bot vormals unbekannte Produkte an; es war zudem der erste Laden in New York mit Alkohollizenz.

Feuerwerk und Parade

»Macy's« nimmt einen ganzen Straßenblock ein und man kann sich sogar verlaufen. Es gibt Einkaufsberater und Lieferservice, und der Konzern bestimmt auch den New Yorker Veranstaltungskalender maßgeblich mit. »Macy's« sponsort nicht nur alljährlich das große Feuerwerk am Independence Day (4. Juli), sondern wurde vor allem durch seine große Thanksgiving Parade bekannt. 1927 fand dieser Umzug auf Betreiben der Angestellten, unter denen sich viele feierfreudige Immigranten befanden, erstmals statt. Noch heute zählt die Ballon-Parade am letzten Freitag im November zu den größten Events der Stadt und läutet mit der Ankunft von Santa Claus zugleich die Vorweihnachtszeit ein.

Ein paar Schritte weiter westlich rückt der vielleicht legendärste Sportpalast der Welt ins Blickfeld: der Madison Square Garden.

1 »Bergdorf Goodman« gehört zu den Top-Einkaufsadressen an der Fifth Avenue. – 2 Blick in die Kosmetikabteilung des Kaufhausgiganten »Macy's« am Herald Square. – 3 »Saks & Co.« an der Fifth Avenue – bei New Yorkern wie Besuchern beliebt. – 4 Das sollte man ausnutzen: Gratis-Make-up bei »Macy's«. – 5 Bereits seit 1927 veranstaltet »Macy's« den legendären Thanksgiving-Umzug mit seinen riesigen Figurenballonen.

Der teilweise verglaste Betonzylinder entstand 1968 über dem Bahnhof Pennsylvania Station. Hier feuern die New Yorker mit teils südländisch überschäumender Begeisterung vor allem ihre heiß geliebten Rangers an, eine der drei Profi-Eishockeyteams im Großraum der Stadt. Aber auch die Knicks (Profi-Basketball) und Liberty (Frauen-Profi Basketball) haben ihren treuen, lauten und durchaus kritischen Anhang. Daneben finden im Sportpalast auch große Konzerte, Zirkus und andere Veranstaltungen statt.

Glitzer und Glamour

Für die »Summe und Krönung aller Marktplätze und Tingeltangelstraßen in Amerika« hielt der Schriftsteller und Mitbegründer der Beat Generation, Jack Kerouac, den Times Square. Eigentlich ist er jedoch nur der Kreuzungspunkt mehrerer Straßen. Hier quert der Broadway gemächlich über vier Blocks, von der 42nd bis zur 46th Street, die 7th Avenue. Der Schnittpunkt im Süden heißt Times Square, derjenige im Norden Duffy Square. Im Frühjahr 2009 erregte New York Aufsehen mit der Schlagzeile, der Times Square solle Fußgängerzone und New York zur »grünen Stadt« werden. Damals beschloss die Stadtverwaltung die Einrichtung von verkehrsberuhigten Zonen – kleinen Fußgängerzonen – entlang dem Broadway. Markiert durch roten oder grünen Bitumenboden, ausgestattet mit Stühlen, Tischen und Liegen sowie

Pflanzkübeln sind seither Ruhezonen im tosenden Verkehr entstanden. Solche Bereiche, die mit neu gestalteten Radwegen einhergehen, befinden sich bereits am Herald Square (34th bis 35th Street) und am Madison Square Park vor dem Flatiron Building (25th bis 23rd Street) sowie zwischen Times Square und Duffy Square (42nd bis 47th Street), wo zudem der auffällig rote, bühnenartige Bau des Ticketoffice TKTS zum Sitzen, Schauen und Ausruhen einlädt.

Seinen Namen erhielt der Times Square 1904. Damals eröffnete hier die »New York Times« ihr Büro, doch erst das 1928 am Hochhaus installierte große Display-Nachrichtenband machte den Times Square bekannt. Eine im Jahr 1907 eingeführte Tradition zieht jedes Jahr Menschenmassen an: Pünktlich zum Jahreswechsel fällt ein heute computergesteuerter illuminierter Aluminiumball von 1,80 Meter Durchmesser, der mit über 500 Waterford-Kristallen und insgesamt fast 700 Glühbirnen, Halogenlämpchen, Strahlern und Spiegeln bestückt ist, aus 23,5 Metern Höhe herab. Inzwischen ist die Tageszeitung in einen Neubau von Renzo Piano an der Ecke 42nd Street/8th Avenue umgezogen. Dieses »New York Times Building« fällt weniger wegen der Höhe (228 Meter) oder wegen des sechsstöckigen Atriums, des Lobby Gardens oder Lobby Auditoriums, auf, sondern umwelt- und energiesparenden Details machen den Bau zu etwas Außergewöhnlichem.

1 Seinen Namen erhielt der Times Square 1904. – 2 Um den Times Square pulsiert rund um die Uhr das Leben … – 3 … und Groß und Klein kommen aus dem Staunen nicht heraus. – 4 An vielen Stellen entlang dem Broadway, hier am Times Square, hat die Stadt Fußgängerzonen eingerichtet.

1

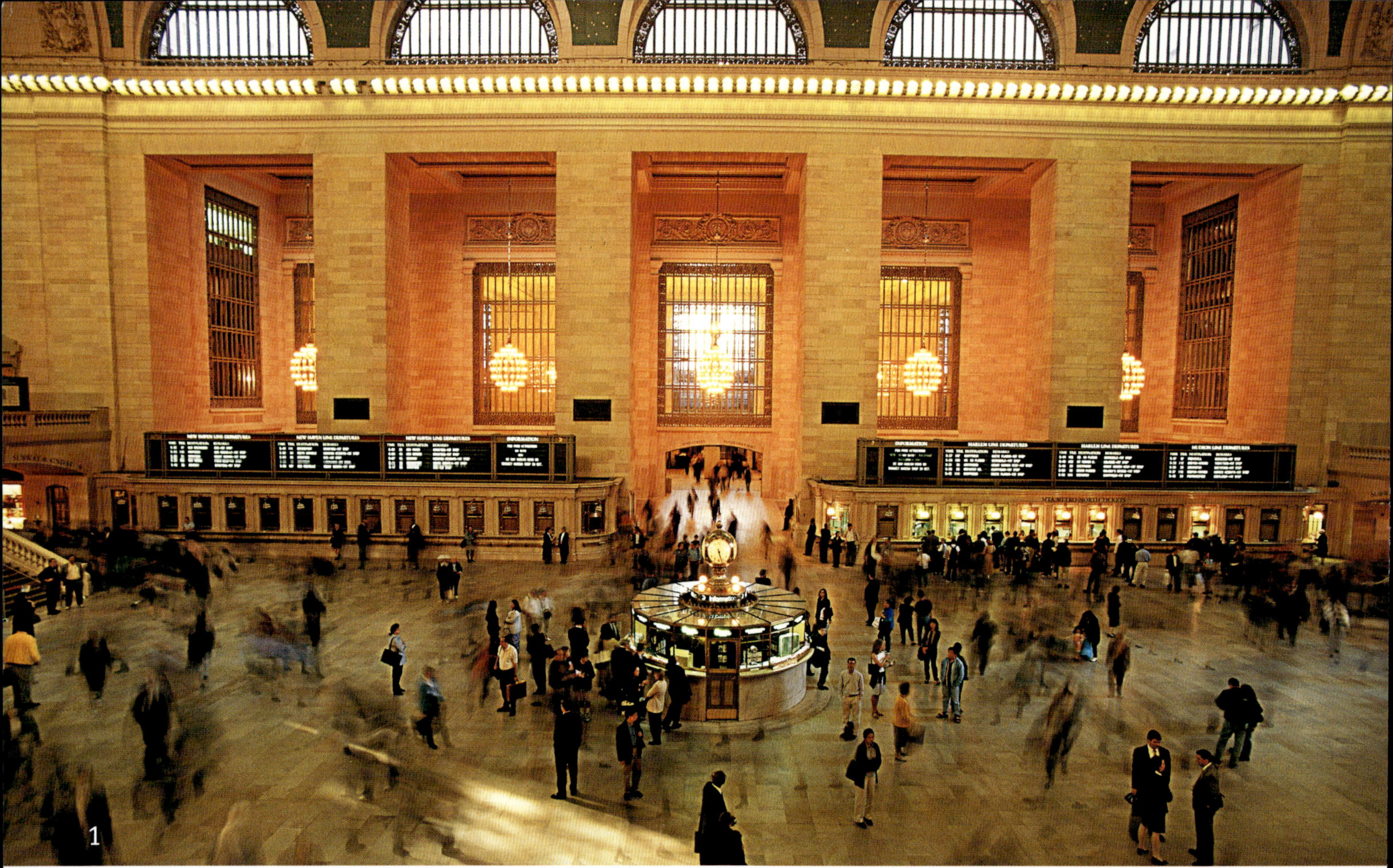

2

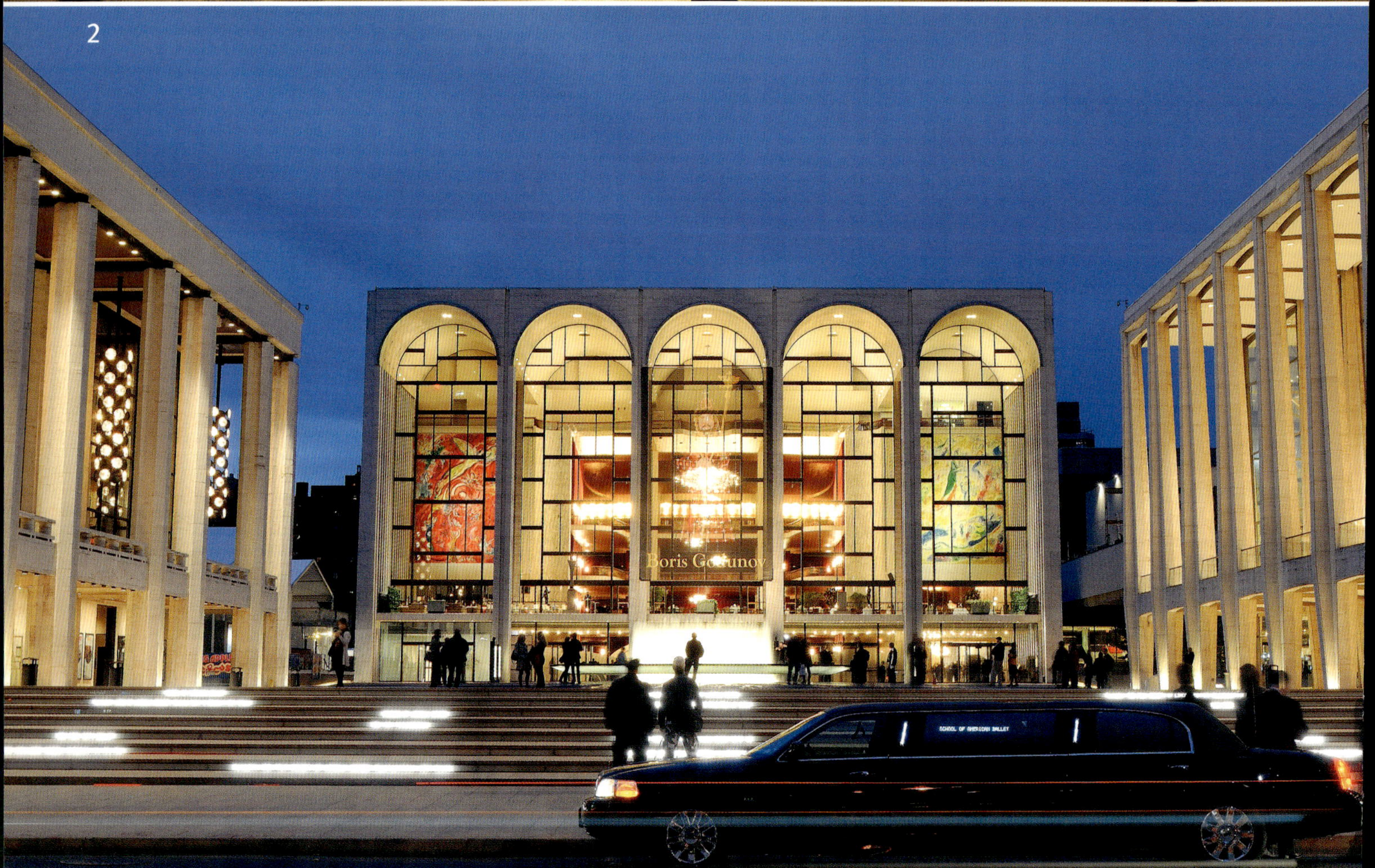

Theater, nichts als Theater

Times Square und Theater District gehören untrennbar zusammen, seit 1883 an der Ecke Broadway/40th Street die Metropolitan Opera ihre Pforten öffnete. Am Broadway selbst und im Bereich zwischen 7th und 9th Avenue sowie 42nd und 57th Street folgte Theater auf Theater. Es entstand ein Vergnügungsviertel mit Shows und Varietés wie »Hubert's Museum«, einer Show menschlicher Abnormitäten, »Ziegfeld Follies« und anderen Vaudeville-Spektakeln. Auch die ersten überdimensionalen Leuchtreklamen, die den Broadway zum »Great White Way« machten, stammen aus jenen Tagen. Nachkriegszeit und Fernsehen ließen dann den Glanz verblassen. Die Gegend um den Times Square degradierte zum verrufenen Sex-&-Crime-District, und in den 1980er-Jahren machte ein großes Theatersterben vielen Bühnen den Garaus. Inzwischen verzeichnen die Broadway-Theater wieder Rekordzahlen, und das Revival des Areals ist in vollem Gange: Große Firmen wie Bertelsmann, Reuters, Condé Nast oder NASDAQ haben sich am Times Square niedergelassen, neue Kinokomplexe, Läden und Restaurants sind entstanden – vor allem an der »New 42nd Street«, zwischen 7th und 8th Avenue. Und Megaläden wie »Aéropostale«, »Hershey's«, »Disney Store« oder »Toys 'R' Us« ziehen Besucher an.

Auch zahlreiche alte Theater wurden mittlerweile renoviert. Mehrere befinden sich entlang der Theater Row, der W 45th Street und der Shubert Alley, so Booth und Shubert Theatre (1913), Music Box Theater (1920), Royale Theater (1927) und Golden Theatre (1927). In neuem Glanz erstrahlt auch das New Amsterdam Theater (W 42nd Street). Das Lyceum Theatre (149 W 45th) von 1903 gilt sogar als das älteste kontinuierlich betriebene Theater der Stadt und in das Embassy Theater (1925) ist das Times Square Visitor Center (1560 Broadway) eingezogen.

Ebenfalls eine Legende in der Theaterlandschaft ist die Carnegie Hall (154 W 57th Street), die ein Stück weiter im Norden liegt. Walter Damrosch rief sie 1887 ins Leben; den Bau finanzierte sein Freund Andrew Carnegie. 1891 stellte William Burnet Tuthill die heute älteste Konzerthalle der Stadt im Italian-Renaissance-Stil fertig – die Eröffnung erfolgte mit einem Konzert von Peter Tschaikowski.

Die »Küche des Teufels«

Das berühmte Musical »West Side Story« spielt in dem von Straßenbanden beherrschten Viertel, das sich westlich des Theater District bis zum Hudson River erstreckt: Als »Hell's Kitchen«, die »Küche des Teufels«, genoss es einen legendären, aber zweifelhaften Ruf in der Stadt. Sein Zentrum zwischen 50th und 56th Street war fest in irischer Hand und vor allem bis Ende der 1970er-Jahre berüchtigt. Doch auch hier hat der Wandel, der Times Square und Theater District erfasst hat, nicht Halt gemacht. Dank renovierter Wohnblocks, kleiner Läden und Lokale ist das Viertel wieder attraktiv. Zudem lockt Pier 86 Besucher mit dem

Intrepid Sea, Air & Space Museum an, wo neben Flugzeugträgern aus dem Zweiten Weltkrieg, einem U-Boot, diversen Kriegsschiffen und Flugzeugen eine »Concorde« der British Airways und bald auch ein Enterprise Shuttle der NASA zu sehen sind.

Goldenes Eisenbahnzeitalter

Nicht ohne Grund hat man den Grand Central Terminal (42nd Street/Park Avenue) ehrfurchtsvoll als »Kathedrale für die Eisenbahn« bezeichnet. 1913 als wichtiger

---

1 *Der Grand Central Terminal wird auch »Kathedrale für die Eisenbahn« genannt. –*
2 *Das Metropolitan Opera House, Teil des Lincoln Center. – 3 Austern und Fisch satt*
gibt es in der legendären »Oyster Bar« im Grand Central Terminal.

Überlandbahnhof der Stadt erbaut, steht er in einer Reihe mit historischen Bahnhöfen wie Bostons South Station (1898), Kansas Citys Union Station (1914), Philadelphias 30th Street Station (1933), Seattles King Street Station (1906) oder Washingtons Union Station (1909). Sie alle

rufen, und das nicht unbeabsichtigt, Reminiszenzen an Gotteshäuser wach. Dieser Eindruck wird besonders in der Haupthalle des Bahnhofs bestätigt: Sie weist ein Tonnengewölbe und drei 23 Meter hohe Bogenfenster auf. Der Blick wandert automatisch nach oben, zum Sternenhimmel mit Tierkreiszeichen und Himmelskonstellationen. Ebenfalls ein Blickfang ist die kolossale Skulpturengruppe von Merkur, Herkules und Minerva über einer Uhr am Haupteingang an der 42nd Street. Einst fuhren von diesem Bahnhof berühmte Überlandexpresszüge ab, wie der »Twentieth Century Limited« nach Chicago. In der Hochphase des Eisenbahnzeitalters in den

1940er-Jahren frequentierten an einem einzigen Tag bis zu 200 000 Reisende den Bahnhof. In den 1950er-Jahren setzte dann der Niedergang der Eisenbahn und der prunkvollen Bahnhöfe ein. In New York ersetzte man 1963 den hinteren Teil durch das PanAm Building (heute MetLife) von Walter Gropius. Erst das Engagement Prominenter wie Jacqueline Kennedy Onassis sorgte dafür, dass man den Bahnhof 1978 schließlich unter Denkmalschutz stellte und aufwändig renovierte.

Heute gehen sogar fast eine halbe Million Menschen im Bahnhof ein und aus, allerdings steuern die Züge jetzt nur noch Ziele im nördlichen Bundesstaat New York und in Connecticut an.

Zu den altehrwürdigen Institutionen im Bahnhof zählt die »Grand Central Oyster Bar«, während der Grand Central Market als attraktive Ladenstraße nicht nur dem Einkauf von Reiseverpflegung dient. Im Westteil befindet sich ein Ausstellungssaal des New York Transit Museum.

Wo die Welt zu Hause ist

Es gibt einen Fleck in Manhattan, der gehört eigentlich gar nicht zu New York: der United-Nations-Komplex. Er befindet sich im Besitz der Vereinten Nationen

und geht ebenfalls auf John D. Rockefeller zurück. Dieser hatte 1949 das Gelände am East River im Wert von 5,8 Millionen Dollar den United Nations geschenkt und damit bewirkt, dass hier eine »internationale Zone« mit eigener Post, Flagge, Feuerwehr und eigenen Briefmarken entstand. 1945 war in San Francisco die Gründung der UNO mit 51 Mitgliedsstaaten erfolgt, und vier Jahre später wählte man New York als ständigen Sitz. Der bis 1952 erbaute UN-Komplex besteht aus mehreren Teilen. Dazu gehören das Sekretariatsgebäude, ein Konferenzgebäude mit großen Tagungssälen und das UN Headquarters Building, das man auch besichtigen kann. An der Längsseite des Komplexes wehen Flaggen aller Mitgliedsstaaten; die angrenzenden Gartenanlagen sind mit (geschenkten) Kunstwerken aus aller Welt geschmückt.

Kathedralen der Lüfte

In Sichtweite des UN-Gebäudes ragt einer der schönsten und bekanntesten Wolkenkratzer New Yorks in den Himmel: das Chrysler Building (405 Lexington Avenue). Wer sich bei genauerer Betrachtung an einen der klassischen »Straßenkreuzer« erinnert fühlt, liegt nicht falsch. Dieses Musterbeispiel des Art déco steckt nämlich voller Details, die mit Autos zu tun haben. Der Bauherr, Walter P. Chrysler, hatte 1925 seine Autofirma gegründet und wollte vier Jahre später mit diesem Bau das »Golden Age« des PKWs symbolisieren. Für das Hochhaus hat man also den-

1 *In den 1950er-Jahren bezogen die United Nations diesen Komplex am East River in Midtown Manhattan. – 2 Das Chrysler Building, 1930 im Art-déco-Stil erbaut, gehört zu den schönsten Wolkenkratzern New Yorks.*

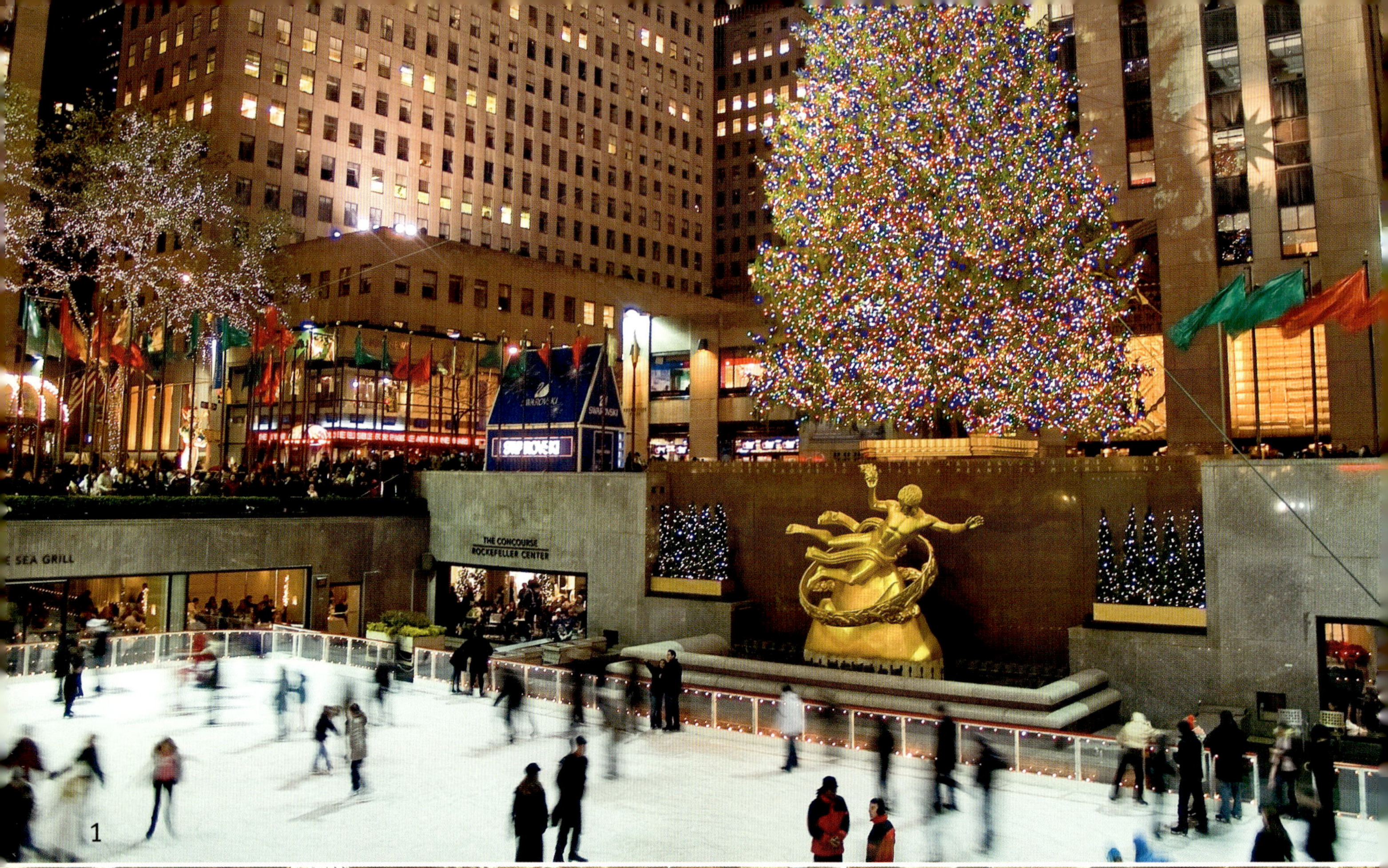

1

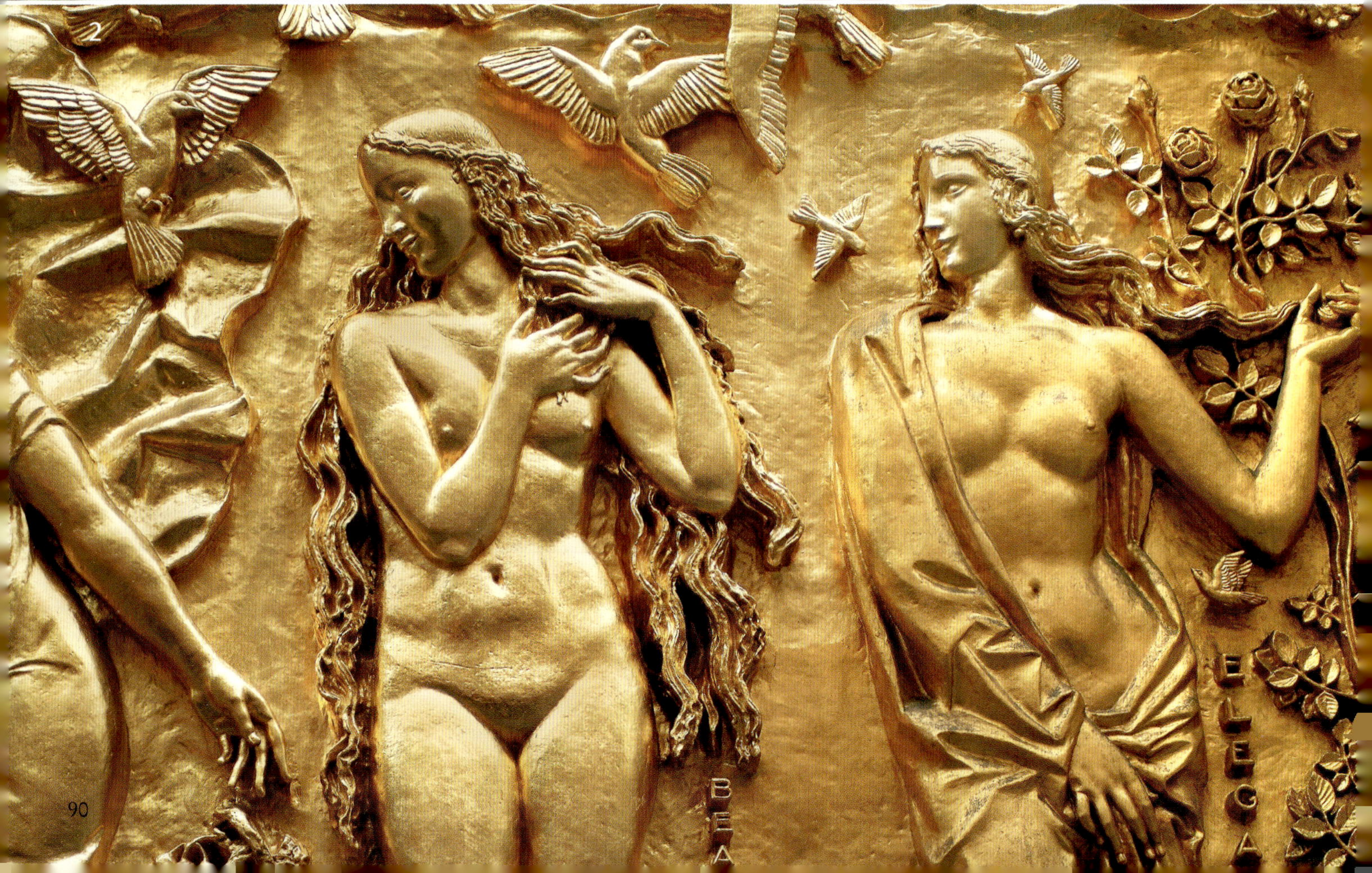
2

selben rostfreien Stahl wie für einen Auto-kühler verwendet, Mauervorsprünge stellen stilisierte Kühlerhauben dar und die Wasserspeier gleichen Kühlerfiguren. Bei der Eröffnung 1930 war das Chrysler Building mit seinen 76 Stockwerken und 343 Metern Höhe immerhin ein Jahr lang das höchste Gebäude der Welt. 1931 stellte bereits ein weiteres New Yorker Markenzeichen diese »Kathedrale der Lüfte« in den Schatten: das Empire State Bulding. Großteils aus vorgefertigten Teilen um einen Stahlgerüstkern konstruiert, benötigte man für dieses Gebäude 60 000 Tonnen Stahl und setzte 6500 Fenster ein. In den Jahren nach dem Börsenkrach und während der Wirtschaftskrise stand der Bau lange leer – Einheimische nannten ihn deshalb scherzhaft »The Empty State Building«. Allerdings waren die positiven Stimmen in der Mehrzahl, die vom »achten Weltwunder« und der »Cathedral of the Skies« schwärmten. Bis 1973 galt der über 100-stöckige Bau mit seinen 443 Metern als höchstes Gebäude der Welt – Filme wie »King Kong« machten es zu einer Legende. Weltberühmt und weithin sichtbar ist das Empire State jedoch wegen seiner Beleuchtung. Die oberen 30 Stockwerke sind je nach Anlass an Feiertagen oder zu besonderen Ereignissen illuminiert: beispielsweise in Grün am St. Patrick's Day oder in Schwarz-Rot-Gold am 3. Oktober, dem German Reunification Day. Vom *86th floor*, vor allem aber vom offenen Aussichtsplateau im *102nd floor* genießt man einen herrlichen Ausblick, der bei idealen Wetterbedingungen über 100 Kilometer weit reicht.

On the Top of the Rock

Es ist schon ein eigenartiges Gefühl: Da steht man scheinbar auf dem Oberdeck eines Ozeandampfers, doch statt auf die endlose Weite des Ozeans blickt man über ein Meer von Wolkenkratzern. Seit im Herbst 2005 »Top of the Rock«, die Aussichtsplattform auf dem General Electric Building des Rockefeller Center, wiedereröffnet worden ist, besitzt New York eine Attraktion mehr. Das offene Aussichtsdeck im 70. Stock sorgte bereits bei der Eröffnung 1933 für Aufsehen: Es war dem Oberdeck eines Kreuzfahrtschiffs im Art-déco-Stil nachempfunden – mit Stühlen, Kaminen und anderen, für diese Stilrichtung charakteristischen Details. Geschützt ist man dagegen im »Grand Viewing Room«, der sich auf dem rund 260 Meter hohen 67. Stockwerk befindet. Mit dem »Sky Shuttle«, einem topmodernen Aufzug, gelangt man hinauf. Das General Electric Building ist aber nur ein Teil des Rockefeller Centers. 1928 hatte John D. Rockefeller, Jr., den an dieser Stelle angelegten Botanischen Garten der Columbia University erworben – eigentlich um ein Opernhaus zu errichten. Doch dann wurde während der Weltwirtschaftskrise eine Arbeitsbeschaffungsmaß-

1 *Zu den Attraktionen des Rockefeller Center gehört die Eisbahn auf der Sunken Plaza zu Füßen des Weihnachtsbaums.* – 2 *Viele der Bauten des Rockefeller Center wurden mit Art-déco-Kunstwerken ausgestattet.* – 3 *Berühmt ist die Figur des Atlas vor dem General Electric Building.* – 4 *Die Palette der Kunstwerke ist breit und reicht beispielsweise von diesem tanzenden Paar …* – 5 *… bis hin zum antiken Göttervater Zeus.*

nahme daraus, und der Multimillionär finanzierte aus eigener Tasche einen Vielzweck-Komplex. Bis 1940 entstanden nach und nach 14 Einzelbauten – und es sollten noch mehr werden. Der Eislauf-

platz auf der Sunken Plaza und die angrenzende Ladenpromenade, die zur Fifth Avenue führt, wo eine überdimensionierte Atlas-Figur – das Wahrzeichen des Rockefeller Center – den Globus schultert, sind weitere Anziehungspunkte. Viele amerikanische Besucher pilgern mit Transparenten hierher, um sich vor den Schaufenstern der NBC-Studios, die jeden Morgen die »NBC Today Show« ausstrahlen, die Nasen platt zu drücken. Ein »Eyecatcher« mit seinen rund 26 000 Kerzen ist in der Vorweihnachtszeit der hinter dem Eislaufplatz aufgestellte Christbaum.

Bummeln auf der Luxusmeile

Upper Midtown, das Areal zwischen Rockefeller Center und Central Park, ist das geschäftige Touristenzentrum der Stadt. Im Bereich zwischen Park Avenue und Broadway reihen sich die meisten und exklusivsten Geschäfte, Restaurants und Cafés auf und – als kulturelles Highlight – hat sich das weltberühmte MoMA, das Museum of Modern Art, dazwischen geschmuggelt. Die Fifth Avenue genießt seit langem den Ruf, eine der Luxusmeilen der Welt und Treffpunkt der Reichen und Schönen zu sein. Schon Ende des 19. Jahrhunderts residierte hier der schwerreiche William Henry Vanderbilt (Ecke 51st Street), und heute wohnt unter anderem Donald Trump in der Fifth Avenue. Kultur steuert auch die Radio City Music Hall bei, jene 1932 mit Charlie Chaplin und Arturo Toscanini eröffnete Konzerthalle an der Westseite des Rockefeller Center. Eine Weihnachtstradition ist die in der RCMH seit 1933 aufgeführte 90-minütige Weihnachtsrevue, das »Annual Radio City Christmas Spectacular« mit aufwändigen Bühnendekorationen sowie der Tanztruppe »Rockettes«. Diese war 1925 von St. Louis nach New York umgezogen und tritt seit 1932 in der RCMH auf.

An der Ostseite des Komplexes steht quasi als Gegenpart zur lauten Amüsierwelt die St. Patrick's Cathedral. Die größte katholische Kathedrale der USA, 1879 im neogotischen Stil erbaut, nimmt sich angesichts der sie umgebenden Wolkenkratzer heute bescheiden aus. Dennoch behauptet sie, einem Bollwerk gleich, ihre Stellung mitten im Trubel der modernen Metropole. Dabei beginnt hier der luxuriöseste und meist gefilmte Abschnitt der Fifth Avenue mit teuren Läden wie »Rodier«, »Saks Fifth Ave.« oder »Tiffany« & Co. Letztgenannter Schmuckladen wurde 1837 gegründet und durch Truman Capotes »Frühstück bei Tiffany« weltberühmt. »FAO Schwarz« ist ein Spielzeugparadies für Groß und Klein und der Trump Tower eine exklusive Shoppingmall rings um ein glitzerndes Atrium aus Marmor und Gold.

Nächtigen wie ein König

Den markanten Endpunkt der Shoppingmeile setzt die Grand Army Plaza mit dem »Plaza Hotel«, einer der legendären Herbergen New Yorks. 1907 für 12,5 Millionen Dollar erbaut, galt es lange als »bestes Hotel der Welt«. Überraschend schloss es Ende April 2005 seine Pforten, doch nach heftigen Protesten seitens der New Yorker und einem Veto des Bürgermeisters fand man in letzter Minute einen Kompromiss und es blieben 282 der 805 Zimmer sowie der Palmenhof, »Oak Room & Oak Bar« – zwei von New Yorkern heiß geliebte Einrichtungen – erhalten. Hier spielte F. Scott Fitzgeralds »Der große Gatsby« und Clint Eastwood und Morgan Freeman saßen gemeinsam an der »Oak Bar«. Sarah Jessica Parker feierte 2005 hier ihren 40. Geburtstag.

1 *Die St. Patrick's Cathedral mag im Schatten des Olympic Tower stehen, ist aber trotzdem eine der größten katholischen Kathedralen der USA. – 2 Alles scheint aus Gold zu bestehen im Inneren des Trump Tower an der Fifth Avenue.*

1

2

Apropos exklusive Unterkünfte: An der Park Avenue lädt auch das berühmte Hotel »Waldorf Astoria« betuchte oder illustre Gäste ein. Es wurde 1931 erbaut – und vor allem Prominente wie etwa das Königspaar von England oder diverse US-Präsidenten, wählen das Hotel gerne als Bleibe. Ursprünglich gründete der deutschstämmige Geschäftsmann J. Jacob Astor aus Waldorf das Hotel im Art-déco-Stil an der Stelle des Empire State Building.

Zu den architektonischen Highlights um die Park Avenue zählt auch das Lipstick Building (855 3rd Avenue/53rd Street). John Burgee Architects und Philip Johnson, der Begründer der postmodernen Architektur, entwarfen es 1987 als einen Wegbereiter modernen Bauens. Nicht weit davon entfernt stößt man auf den schlicht-modernen Bau des Citicorp Center (153 E 53rd Street/Lexington Avenue). Es entstand von 1973 bis 1978 und weist eine Aluminiumhaut im »Streifendesign« und mit weithin sichtbarem Schrägdach auf. Das Seagram Building (375 Park Avenue/53rd Street) von 1958 gilt hingegen als Meilenstein des International Style und stammt vom Reißbrett des Meisters dieser Richtung: Mies van der Rohe hat hierfür mit seinem Schüler Philip Johnson zusammengearbeitet.

Zeit für Kunstgenuss

Bereits zehn Tage nach dem Börsenkrach von 1929 stellte man im MoMA erstmals Werke der Postimpressionisten aus – und 1939 stand der Neubau von Stararchitekt Philip Johnson. Er erweiterte ihn in den 1950er- und 1960er-Jahren und fügte einen Skulpturengarten hinzu, in dem unter anderem Pablo Picassos berühmte »Ziege« ihren Platz fand. 1984 war es dann erneut ein Großer seines Fachs, Cesar Pelli, der die Ausstellungsfläche durch einen neuen Flügel verdoppelte und einen Wohnturm hochzog.

Der japanische Architekt Yoshio Taniguchi stand vor keiner leichten Aufgabe, als er den Zuschlag für den Erweiterungsbau des Museum of Modern Art (11 W 53rd Street), kurz MoMA, erhielt – zu sehr lief er Gefahr, an seinen Vorgängern gemessen zu werden. Doch als im November 2004 sein grandioser Bau aus tiefschwarzem Granit, Alu und Glas die Tore öffnete, fiel er weniger durch spektakuläre Architektur als vielmehr durch Zweckmäßigkeit und vornehme Zurückhaltung auf. Eine geräumige Lobby und ein hohes Atrium lassen das Museum hell und luftig wirken und geben den ausgestellten Kunstwerken von den 1880er-Jahren (Impressionisten) bis zur Gegenwart den passenden Rahmen. Die Abteilungen umfassen Malerei und Skulptur, Druckgrafik und Buchillustration, Grafik,

3

Architektur und Design, Fotografie, Film und Medien. Werke von Picasso sind hier ebenso vertreten wie Klassiker der Moderne, etwa Vincent van Goghs »Sternennacht«, Claude Monets »Seerosen« oder »Der Tanz« von Henri Matisse. Aber auch Werke von Henri Toulouse-Lautrec, kubistische Gemälde, bedeutende Arbeiten der russischen Avantgarde (Malewitsch, Lissitzky), der Surrealisten (Dalí, Miró, Ernst) oder der Moderne (Bacon, Pollock, de Kooning, Rothko, Johns, Rauschenberg, Lichtenstein, Warhol, Oldenburg oder Beuys) sind hier zu sehen.

Noch in Planung ist ein architektonisch aufsehenerregender Anbau von Jean Nouvel, genannt »Tower Verre«, der mit seiner Aluminum-Netzfassade auf 78 Stockwerken nicht nur MoMA-Ausstellungssäle, sondern darüber hinaus auch Hotelzimmer, Apartments und Büroetagen beherbergen soll.

1 Vor dem »Plaza Hotel« warten Pferdekutschen auf Gäste, die sich gemütlich durch den Central Park fahren lassen wollen. – 2 Das »Plaza Hotel« von 1907 gilt als eine der legendärsten Herbergen New Yorks. – 3 Pause in einem Café in Upper Midtown.

2

1 *Spider Man ist nur eine von vielen bekannten Figuren, die als Ballon während der Macy's Thanksgiving Day Parade die Menschen begeistern. – 2 Höhepunkt der Feierlichkeiten am 4. Juli, dem Unabhängigkeitstag, ist ein großes Feuerwerk über dem Hudson River. – 3 Für musikalische Unterhaltung während der Macy's Thanksgiving Day Parade sorgen unter anderem Blaskapellen. – 4 Besonders die Kinder sind begeistert von riesigen Ballonen wie »Hello Kitty« während der Thanksgiving Day Parade.*

3

4

2

1–4 *1939 wurde das Museum of Modern Art, kurz »MoMA«, eröffnet, 2004 wurde es um den Neubau des japanischen Architekten Yoshio Taniguchi erweitert. Er schuf den passenden modernen Rahmen für all die grandiosen Kunstwerke, die von den 1880ern bis zur Gegenwart reichen und verschiedene Genres repräsentieren.*

3

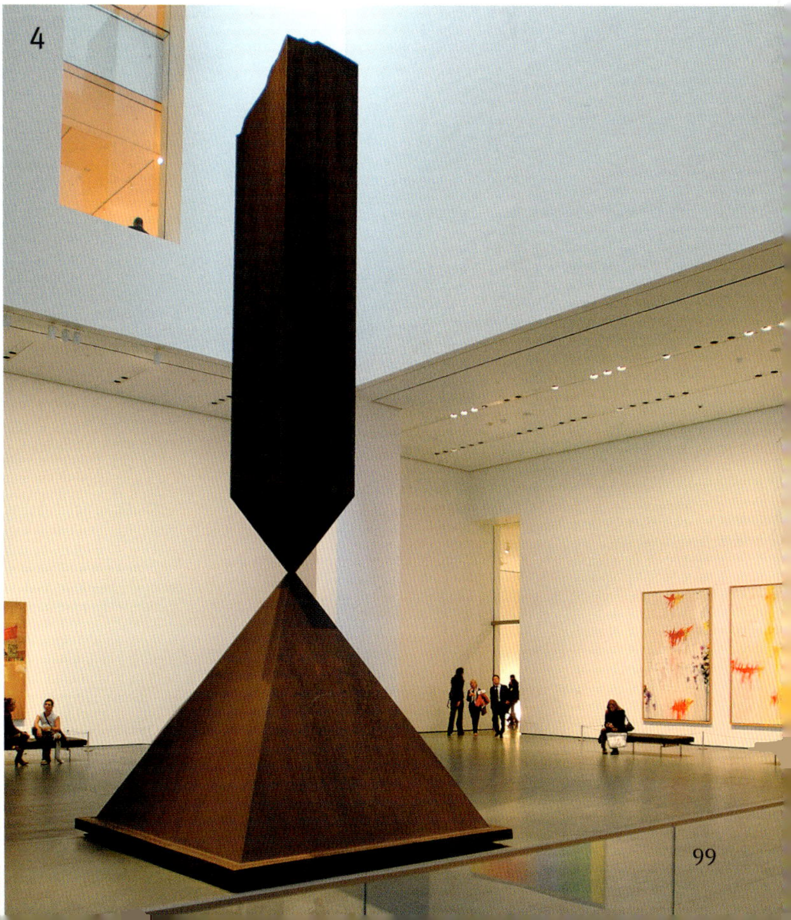

4

Uptown

Uptown erstreckt sich von der 59th Street bis zur Nordspitze und ist dementsprechend kontrastreich: Hier die feinen Wohnquartiere der Upper East und West Side, dort die Armenviertel in East Harlem, neben der Studentengegend um die Columbia University das afroamerikanische Harlem. Hinzu kommt die Museumsmeile mit ihrer weltweit einmaligen Konzentration von Kultureinrichtungen – und mittendrin der berühmteste Stadtpark der Welt, der Central Park. Die 59th Street bildet etwa die geografische Mitte Manhattans und irgendwie spürt man sofort den Wandel: Südlich davon liegt das touristisch-geschäftige Midtown mit Einkaufsstraßen und Theaterdistrikt, nördlich der ausgedehnte Central Park, der im Osten und Westen von besseren Wohnvierteln gerahmt wird. Es scheint ruhiger, gediegener zu werden im sogenannten Uptown – doch jenseits der Nordgrenze des Parks geht es dann wieder lebhafter zu, sowohl in Harlem als auch im Studentenviertel um die Columbia University.

Wer würde vor dieser Kulisse im Central Park nicht langsamer rudern? Man vergisst hier schnell, dass man sich mitten in einer pulsierenden Weltmetropole befindet.

Kultur, heiße Rhythmen & grüne Oasen
Metropolitan Museum – Guggenheim – Central Park – Harlem

Uptown ist weitläufig, daher heißt es auswählen. Am besten bedient man sich abschnittsweise öffentlicher Verkehrsmittel, um dann lohnende Punkte beziehungsweise Straßenabschnitte wie die 125th Street in Harlem, die Gegend um den Broadway in der Upper West Side oder jene um die 86th Street in Yorktown (Upper East Side) zu Fuß zu erkunden. Ganz oben auf der Besichtigungsliste sollten zwei Museen stehen – das Metropolitan Museum of Art und das Guggenheim Museum nämlich – doch darüber hinaus gibt es aus allen Sparten und Kunstrichtungen, Zeiten und Orten jede Menge mehr zu entdecken.

»Kathedrale der Kunst«

Der mächtige Bau des Metropolitan Museum of Art erinnert an einen antiken Tempel, und auch die Sammlung selbst

wird dem anspruchsvollen Ruf als »Tempel der Kunst« gerecht. 1870 gegründet und seit 1880 an dieser Stelle, verbirgt sich hinter seinen Mauern die wohl größte Kunstsammlung der westlichen Welt. Der Museumskomplex ist so groß, dass darin sogar komplette Bauten wie ein rekonstruierter ägyptischer Tempel aus der römischen Kaiserzeit Platz fanden. Kein Wunder, dass man hier nicht nur leicht die Orientierung, sondern auch das Zeitgefühl verliert. Neben der altägyptischen gilt vor allem die Sammlung der griechischen und römischen Antike als bedeutend, aber auch die Mittelalter-Abteilung ist sehenswert. Auf keinen Fall auslassen sollte man den »American Wing« mit Meisterwerken amerikanischer Künstler – nirgendwo sonst erhält man einen derart umfassenden Einblick in die Kunst der Neuen Welt.

Schneckenhaus mit Kunst gefüllt

Auch das Solomon R. Guggenheim Museum (1071 5th Avenue) genießt in der Kunstwelt weltweit einen anerkannt hohen Ruf. Als es 1959 seine Tore öffnete, staunte die Welt über diesen ungewöhnlichen Bau von Frank Lloyd Wright, dem Schöpfer der ersten autochthon amerikanischen Architektur. Gleich einem auf dem Kopf stehenden Schneckenhaus führt im Inneren eine spiralförmige Rampe den

Besucher nach oben, vorbei an der 1937 von dem Unternehmer Solomon R. Guggenheim ins Leben gerufenen Sammlung moderner und zeitgenössischer Kunst. 1992 wurde dieser Ursprungsbau durch Gwathmey Siegel & Ass. Architects um einen Turm erweitert, basierend auf Originalplänen Wrights. 2005 begann die Renovierung des Außenbaus, die 2009 zum 50-jährigenJubiläum abgeschlossen war. Die Museumsbestände werden aufgrund ihrer Menge rotierend gezeigt und zusätzlich gibt es spektakuläre Wechselausstellungen.

Spaziergang auf der »Museums Mile«

Metropolitan und Guggenheim sind nur zwei Highlights auf einer langen Liste von Kulturinstitutionen, die sich entlang der Fifth Avenue, an der Ostgrenze des Central Parks, aneinander reihen und die »Museums Mile« bilden. Dieser Abschnitt der Fifth Avenue, einst »Millionaire's Row« genannt, erstreckt sich von der Frick Collection in der 79th Street bis hinauf zum Museum of the City of New York und zum Museo del Barrio an der 105th Street.

Die Frick Collection ist im Stadtpalais des einstigen Stahlmagnaten Henry Clay Frick (1849–1919) untergebracht und zeigt schwerpunktmäßig Gemälde europäischer Meister. Nur einen Block östlich und ein

1 *Blick in die Abteilung mit afrikanischer Kunst im Metropolitan Museum of Art. –*
2 *An ein Schneckenhaus erinnert das von dem berühmten Architekten Frank Lloyd Wright entworfene Guggenheim Museum. – 3 Das Metropolitan Museum of Art ist ein »Tempel der Kunst«, in dem man Tage verbringen kann.*

THE SHAPES
OF SPACE

paar Blocks nördlich, an der Madison Avenue/75th Street, hat sich das Whitney Museum of Art der Kunst des 20. Jahrhunderts verschrieben. Die Bildhauerin Gertrude Vanderbilt Whitney hat es 1930 gegründet und sowohl seine Architektur als auch seine wegweisenden Kunstausstellungen erregen stets Aufsehen. Etwas weiter nördlich liegt ein besonders für deutsche Besucher interessantes Museum: die »Neue Galerie«. Dieses Museum for German and Austrian Art (1048 Fifth Avenue) residiert in einem denkmalgeschützten Beaux-Arts-Gebäude von 1914. Es widmet sich der deutschen und österreichischen Kunst zwischen 1890 und 1940 und Malern wie Klimt, Klee und Schiele. Je weiter man der »Museums Mile« nach Norden folgt, um so mehr flaut der Besucheransturm ab. Dabei lohnt beispielsweise das Cooper-Hewitt National Design Museum, das 1897 gegründet wurde und seit 1967 Teil der Smithsonian Institution ist, ebenfalls einen Abstecher. Beispiele grafischen und industriellen Designs, Zeugnisse der Designgeschichte und der Architektur sind in der Andrew Carnegie Mansion aus dem Jahr 1902 zu sehen. Diese 64-Zimmer-Villa ließ der Stahlmagnat und große Mäzen Andrew Carnegie (1835–1919) nach dem damals modernsten Stand der Technik errichten. Die weltweit größte Sammlung von Judaica aus einem Zeitraum von über 4000 Jahren beherbergt das Jewish Museum. Es ist ebenfalls in historischem Ambiente unter-

gebracht: der Warburg Mansion von 1907. Freunde der Fotografie sollten dass International Center of Photography nicht versäumen. Das Museum of the City of New York ist dagegen ein Muss für jeden Besucher, da es einen spannenden Rundgang durch fast vier Jahrhunderte Stadtgeschichte bietet. Den Endpunkt der Museumsmeile bildet das unlängst vergrößerte Museo del Barrio, das sich auf höchst unterhaltsame Weise lateinamerikanischer, puertorikanischer und karibischer Kunst und Kultur widmet und passenderweise an der Südwestecke von East Harlem, einem Hispano-Viertel, liegt.

Die Heimat des Stadtneurotikers

Die Museumsmeile ist Teil der Upper East Side, des Areals zwischen 59th Street und 96th Street, Central Park und East River. Hier fühlte sich schon ab etwa 1900 die High Society zu Hause – auch heute ist der Reichtum der Bewohner augenfälliger als in jedem anderen Stadtviertel. Man residiert ebenso diskret wie teuer und luxuriös in äußerlich abweisend und klotzig wirkenden Apartmenthäusern zwischen Fifth Avenue, Madison Avenue und der alleeartigen Park Avenue, in deren Mitte

vor dem Ersten Weltkrieg noch eine Hochbahn verkehrte. Die durch livrierte Türsteher bewachten Festungen verlässt man nur, um beispielsweise in den Galerien und Designerboutiquen an der Madison Avenue zu shoppen oder kurz mal bei »Bloomingdale's« an der Ecke Lexington Avenue/59th Street hereinzuschauen.

Tom Wolfe schildert in »Fegefeuer der Eitelkeiten« anschaulich das Luxusleben der High Society in diesem Viertel. Längst sind Filme wie »Der Stadtneurotiker« (1976), »Hannah und ihre Schwestern« (1986) oder »New Yorker Geschichten« (1989) ebenso legendär wie ihr Schöpfer Woody Allen. Sie spielen häufig hier in der Upper East Side, wo Allen selbst in einer 11-Zimmer-Traumwohnung an der Fifth Ave wohnt, mit Blick auf New Yorks Skyline und den Central Park. Dabei stammt das etwas verschroben wirkende Multitalent – für viele der typische

1 *Das Guggenheim Museum ist nicht nur architektonisch ungewöhnlich, es beherbergt auch eine bedeutende Sammlung moderner Kunst.* – 2 *Im Museum of the City of New York geht es um Geschichte und Kultur der Metropole.* – 3 *Das American Museum of Natural History zählt zu den größten Naturkundemuseen der Welt.*

New Yorker – aus dem jüdischen Viertel Flatbush in Brooklyn. Dort erblickte er als Alan Stewart Konigsberg im Jahr 1935 das Licht der Welt, begann seine Karriere als Komiker und Entertainer, arbeitete dann als Bühnen- und Drehbuchautor, bis ihm 1965 mit der Komödie »What's new, Pussycat?« der Durchbruch als Filmemacher gelang.

1

Doch die Upper East Side ist mehr als nur eine feine Adresse. Im nördlichen Teil, in Yorkville, erinnern vereinzelt Relikte wie das Restaurant »Heidelberg« (1648 2nd Avenue), die Metzgerei »Schaller & Weber« (1654 2nd Avenue) und »Glaser's Bake Shop« (87th Street/1st Avenue) an die Vergangenheit der Gegend als deutsche Hochburg. Die Hauptachse, die 86th Street, wurde »German Broadway« ge-

nannt und zwischen 79th und 96th Street sowie East River und York Avenue beziehungsweise Lexington Avenue lebten einst fast ausschließlich deutschstämmige Zuwanderer, darunter der Schriftsteller Oskar Maria Graf.

Auch der nahe gelegene Carl Schurz Park wurde 1891 auf Betreiben eines deutschen Immigranten angelegt, der 1869 bis 1875 amerikanischer Innenminister war. Im Park befindet sich die elegante Gracie Mansion, die 1799 erbaut wurde und seit 1942 offizieller Wohn- und Amtssitz des Bürgermeisters ist.

Die gute Stube der New Yorker

Wenn an Sonntagen die meisten Straßen durch den Central Park gesperrt sind und noch dazu die Sonne scheint, wird der Park zur guten Stube der New Yorker, zur Freilichtbühne und zum Fitnessstudio. Man treibt Sport, malt, musiziert, trifft sich zum Picknick oder zum Konzert, liest oder genießt auf andere Weise das Leben. Im Sommer lockt der 340 Hektar große Stadtpark als kühle Oase im brodelnd-heißen Wolkenkratzer-Dschungel, im Winter, in weiße Schneepracht getaucht, fühlt man sich meilenweit von der hektischen Stadt entfernt.

Die 59th und die 110th Street sowie die Fifth und Eight Avenue begrenzen die 1873 eröffnete Grünanlage. Sie ist rund vier Kilometer lang und knapp einen Kilometer breit. Etwa 50 Kilometer Fuß-, Jogging- und Radwege schlängeln sich

durch den Park, und mehrere sogenannte Transverse Roads dienen der Verbindung zwischen Upper East Side und West Side. Bereits 1844 hatte William Cullen Bryant, Herausgeber der »New York Post«, einen öffentlichen Park gefordert, doch erst Ende der 1850er-Jahre wurde das Projekt unter der Ägide von Frederick Law Olmsted in Angriff genommen. Dabei mussten Sumpfland trocken gelegt, Viehweiden planiert und ein afroamerikanisches Dorf namens Seneca Village »entfernt« werden.

Jährlich tummeln sich über 25 Millionen Menschen im Park, wobei der Südteil bis etwa in Höhe des Metropolitan Museum am sehenswertesten ist. Hier befindet sich unter anderem die »Dairy«, wo man einst Milch an bedürftige Kinder und heute Informationsmaterial an interessierte Besucher verteilt. Eine nahe gelegene Attraktion für die Kleinen ist das Central Park Wildlife Conservation Center, ein 1988 eingerichteter kleiner Zoo. In nächster Nähe, auf dem Rumsey Playfield (Zugang: E 69th Street/5th Avenue) befindet sich eine der Hauptbühnen für Konzerte: die Central Park SummerStage. Sportler finden Betätigungsfelder auf dem Wollman Rink oder dem Heckscher Playground und auch Grünflächen wie Sheep Meadow animieren dazu, sich Bälle, Frisbee-Scheiben oder Bumerangs zuzuwerfen. In Teile der »Tavern on the Green«, dem einstmals legendären Park-Restaurant, ist eine Besucherinfo eingezogen und zu Strawberry Fields pilgern Beatles-Fans, um ihres Idols

1 *Wer die Wahl, hat die Qual – bei einem Einkaufsbummel auf der Madison Avenue in der Upper East Side. –* 2 *Blick vom größten See im Central Park, »The Lake«, auf die Apartmentblöcke der Upper West Side.*

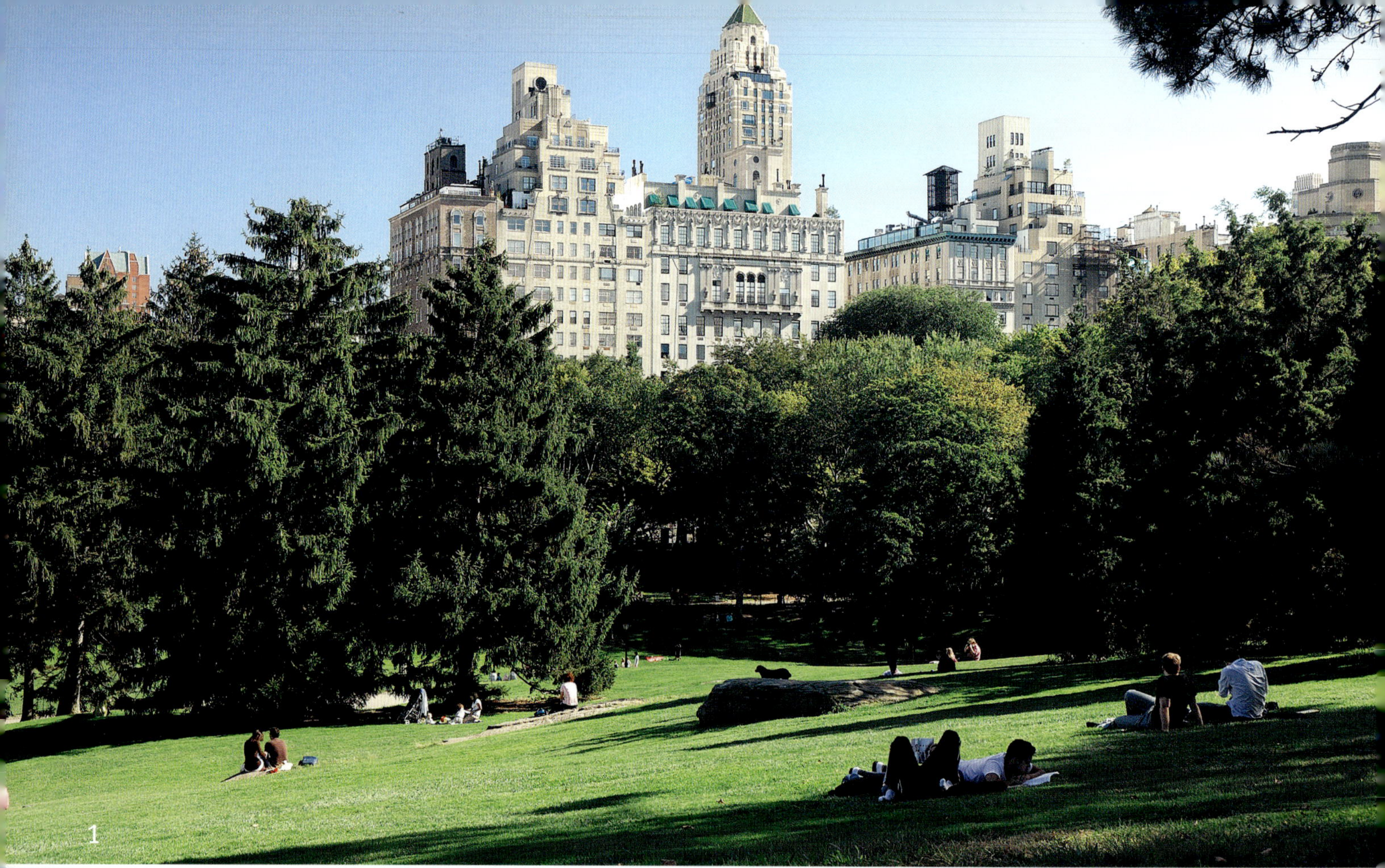

1

2

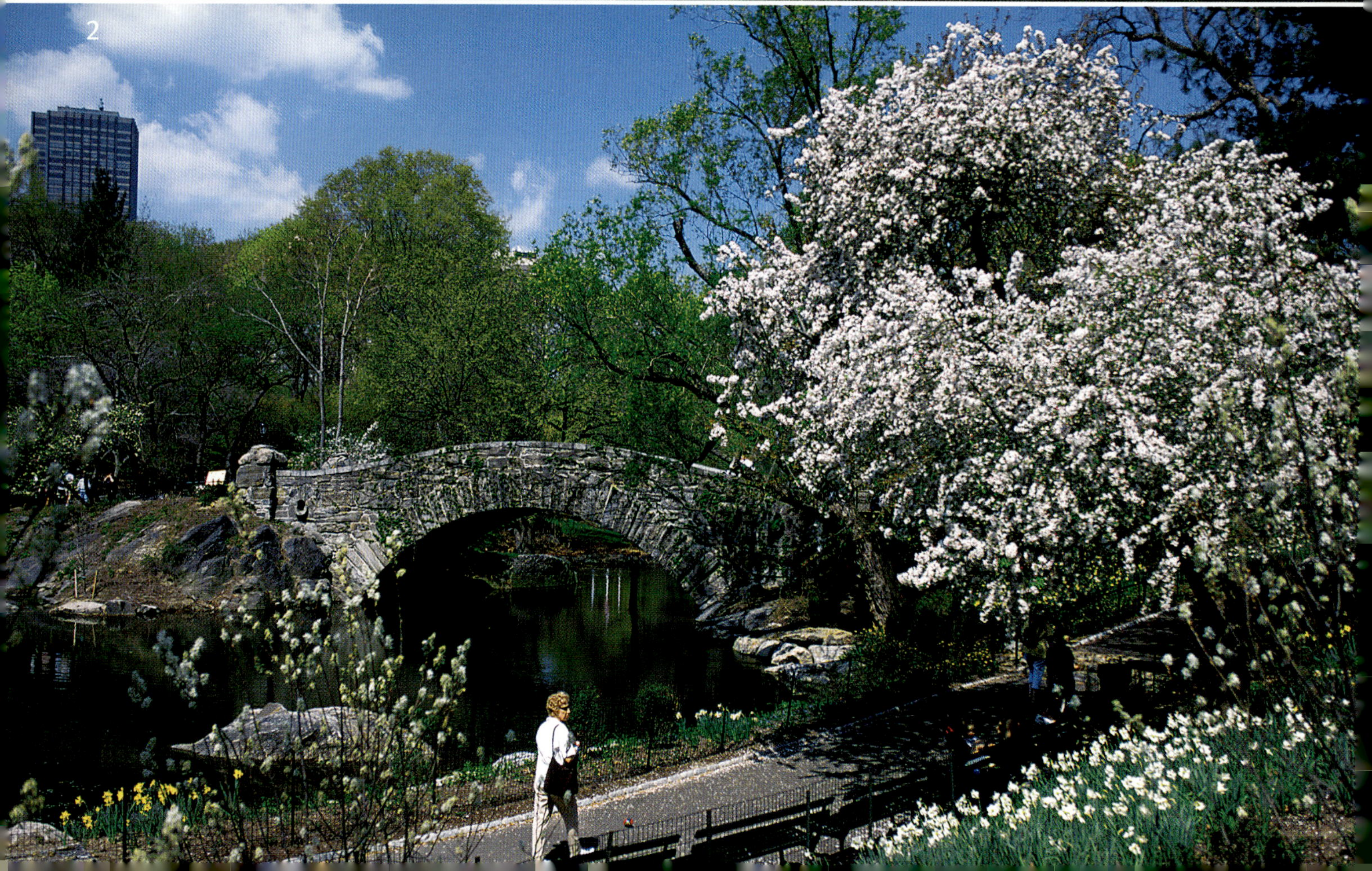

John Lennon zu gedenken, der im Jahr 1980 vor dem nahen Dakota Building erschossen wurde.

Nördlich des »Lake«, wo sich Freizeitkapitäne mit ferngesteuerten Bootsmodellen tummeln, kommen Kunstfreunde im Delacorte Theater mit Shakespeare-Aufführungen oder aber weiter südlich in der Naumburg Bandshell mit klassischen Konzerten auf ihre Kosten. In Nähe des Theaters befindet sich das viktorianische Belvedere Castle mit Aussichtsturm und naturkundlichen Ausstellungen.

An der Nordostecke des Parks schließlich dient das Harlem Meer besonders den Bewohnern Harlems als »Gemeinschaftsgarten«, Spielwiese und Erholungsoase und dort finden im Charles A. Dana Discovery Center ebenfalls regelmäßig kostenlose Sommerkonzerte verschiedener Genres statt.

Feine Adressen

Die Frau von Beatles-Star John Lennon, Yoko Ono, lebt noch heute in der um 1870 entstandenen Upper West Side und mit ihr zahlreiche weitere Künstler, Musiker, Schauspieler und Autoren. Das Areal westlich des Central Park bis zum Hudson River und zwischen 59th und 110th Street ist eine beliebte Adresse bei Intellektuellen, Exzentrikern und Stars. Sie können sich die exklusiven Apartments in den braunen Sandsteingebäuden aus der Zeit vor dem Ersten Weltkrieg am Broad-

way, in der West End Avenue, am Riverside Drive und Central Park West leisten. In den 1980er-Jahren gesellten sich zur Prominenz auch junge Familien und gut verdienende Singles, sogenannte Yuppies, die die »Yupper West Side« ins Leben riefen. Zu den berühmtesten Gebäuden zählt neben dem 1884 erbauten schlossartigen Dakota Building in der 8th Avenue (Central Park West), wo außer John Lennon Leonard Bernstein, Roberta Flack, Judy Garland und Kim Basinger wohn(t)en, das »Hotel des Artistes«.

Dieser Apartmentblock mit Künstlerateliers entstand um as Jahr 1910 und in sein Gästebuch haben sich schon James Dean und Madonna eingetragen. Das »Eldorado« war einst Wohnsitz von Marilyn Monroe, das »San Remo«, von 1929 bis 1931 mit zwei Türmen errichtet, die Adresse von Paul Simon, Dustin Hoffman und Diane Keaton. In »The Kenilworth« mit seinen auffälligen Säulen lebte früher Michael Douglas.

Kultur in der »UWS«

Die Upper West Side (UWS) verfügt zwar nicht über eine Museumsmeile wie der Osten, ist aber durchaus keine kulturelle Wüste. Dafür sorgen etwa das Lincoln Center for the Performing Arts, in dessen Zentrum das Metropolitan Opera House, Sitz der weltberühmten »Met«, steht. Im Rahmen eines städtebaulichen Projekts wurde nicht nur die Alice Tully Hall

1 *Die luxuriösen Wohnpaläste der Upper West und Upper East Side flankieren den Central Park.* – 2 *Frühlingsstimmung im Central Park, in dem man sich weit von der pulsierenden Stadt entfernt fühlt.* – 3 *Beliebt sind im Sommer die zahlreichen Konzerte aller Genres.* – 4 *Romantisches Vergnügen: Kutschfahrt durch den Park.* – 5 *Vergnügungen aller Art machen den Park zum heißen Treff.*

(65th Street/Broadway) erweitert und modernisiert, sondern es entstand auch das David Rubenstein Atrium at Lincoln Center, ein Ticket- und Besucherzentrum mit Café zwischen dem Broadway und der Columbus Avenue.

»Jazz at Lincoln Center« ist bereits vor einigen Jahren in das wenige Schritte entfernte vom Architekturbüro SOM geplante zweitürmige Hochhaus Time Warner Center am Columbus Circle umgezogen. Außer den Jazzkonzerten lohnen die Läden dort, vor allem ein riesiger Bio-Supermarkt im Untergeschoss, aber auch das Dreisternelokal »Per Se«. Der neu gestaltete, mit Brunnen und Grün versehene Columbus Circle dient als Zugangstor zur Upper West Side und wird an der Nordostecke, vor dem Trump International Hotel & Tower, durch einen hohlen, versilberten Erdball markiert.

An der Ecke Columbus Circle/W 53rd Street fällt ein ungewöhnlicher moderner Bau ins Auge, der seit 2008 das Museum of Arts and Design (»MAD«) beherbergt. Auf einer Fläche von 5000 Quadratmetern und auf sechs Etagen wird in heller, luftiger Atmosphäre anschaulich die Verbindung von Handwerk, Kunst und Design thematisiert.

Auf der Upper West Side erhält das New York City Museum eine perfekte Ergänzung durch die New-York Historical Society – das stadtälteste Museum überhaupt. Familien können im American Museum of Natural History (mit IMAX-Kino) leicht Stunden verbringen. In dem 1877 eröffneten, weltweit größten Naturkundemuseum führen rund 40 Ausstellungshallen auf insgesamt vier Ebenen unter anderem in die Welt der Dinosaurier, der Säugetiere, der Menschen, Vögel, Reptilien und Amphibien, aber auch in den Weltraum. Zum Bummeln bietet sich in der Upper West Side – speziell Columbus Avenue, Broadway oder Amsterdam Avenue zwischen 72nd und 82nd Street – ebenfalls hinreichend Gelegenheit.

Durch Woody Allens Filme bekannt geworden ist der Delikatessenshop »Zabar's« (Broadway/W 79th Street).

Harlem, New Yorks »schwarze Hauptstadt«

Es war nicht nur die Basketball-Showtruppe »Harlem Globetrotters« – die sich übrigens in Chicago gründete und heute in Los Angeles zu Hause ist –, die die einstige »Black Capital of the Western World« weltberühmt gemacht hat. Der von Holländern um 1658 gegründete Ort blieb lange ein ländliches Idyll, das die New Yorker als Ausflugsziel und wegen der deutschen Biergärten schätzten. Doch ab den 1920er-Jahren siedelten sich hier immer mehr Afroamerikaner aus den Südstaaten an. Es entstanden Clubs und Kneipen – und es formierte sich eine kulturelle Bewegung, die als »Harlem Renaissance« ein neues Selbstbewusstsein förderte. Ihr gehörten schwarze Literaten wie beispielsweise Jean Toomer, Zora Neal Hurston, Langston Hughes und Claude McKay ebenso an wie große Jazzmusiker. In den »Roaring Twenties« entwickelte sich die 125th Street zur Amüsiermeile, und Duke Ellington machte sie mit seinem Song »Take the A-Train« berühmt. Im legendären Apollo-Theater traten die ganz Großen des Blues und Jazz auf: Louis Armstrong, Count Basie, Duke Ellington, Josephine Baker, Dizzie Gillespie, Charlie Parker, Miles Davis, Ella Fitzgerald, Ray Charles, James Brown, Aretha Franklin und Sam Cooke.

1 Der »Globe« schmückt die Nordseite des Columbus Circle. – 2 Sonntägliche Gospelmesse in Harlem – auch Besucher können teilnehmen. – 3 Wieder ein wirtschaftlich prosporierender Stadtteil: Harlem erlebt nach Jahren des Verfalls derzeit eine neue Blüte.

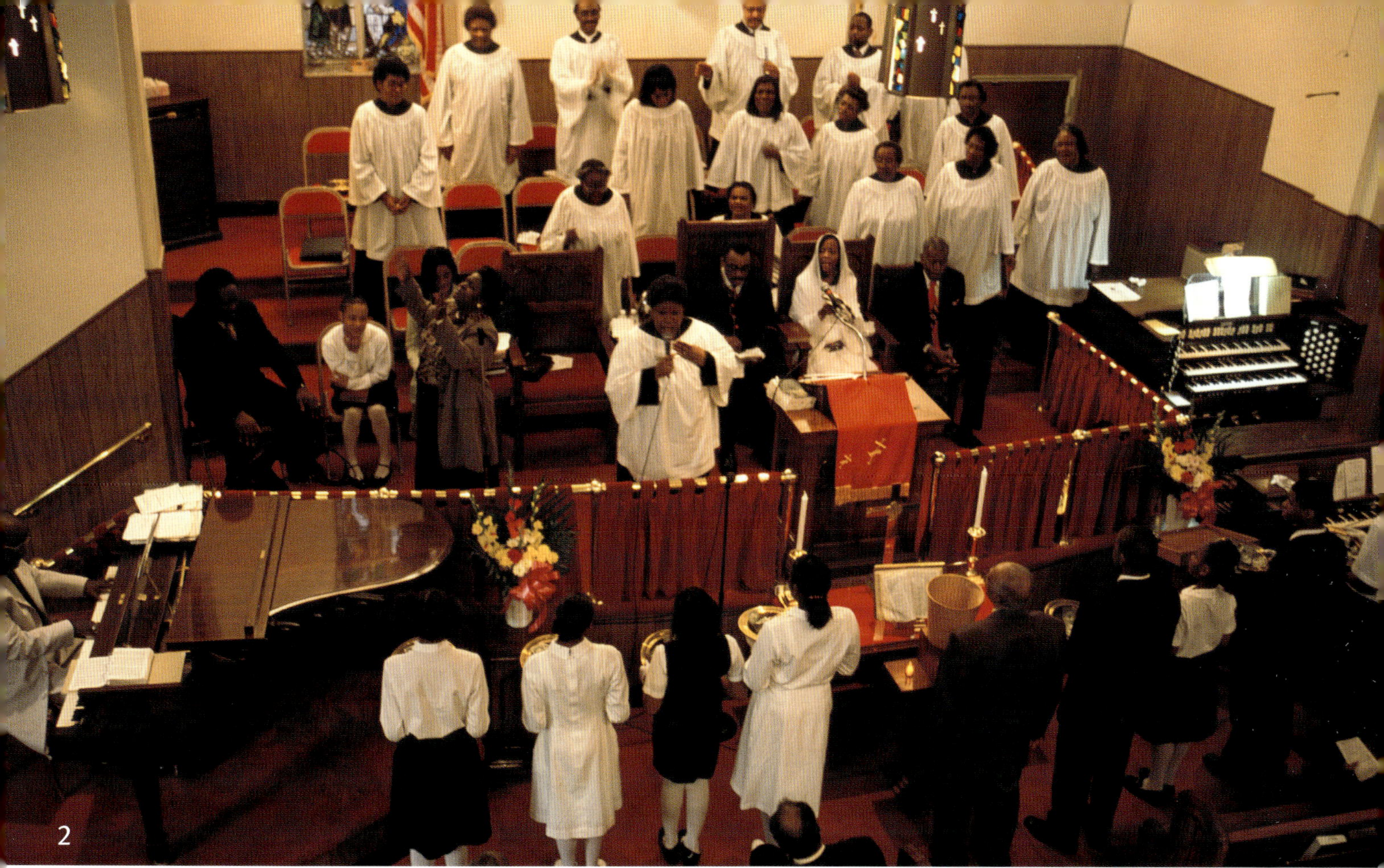
2

3
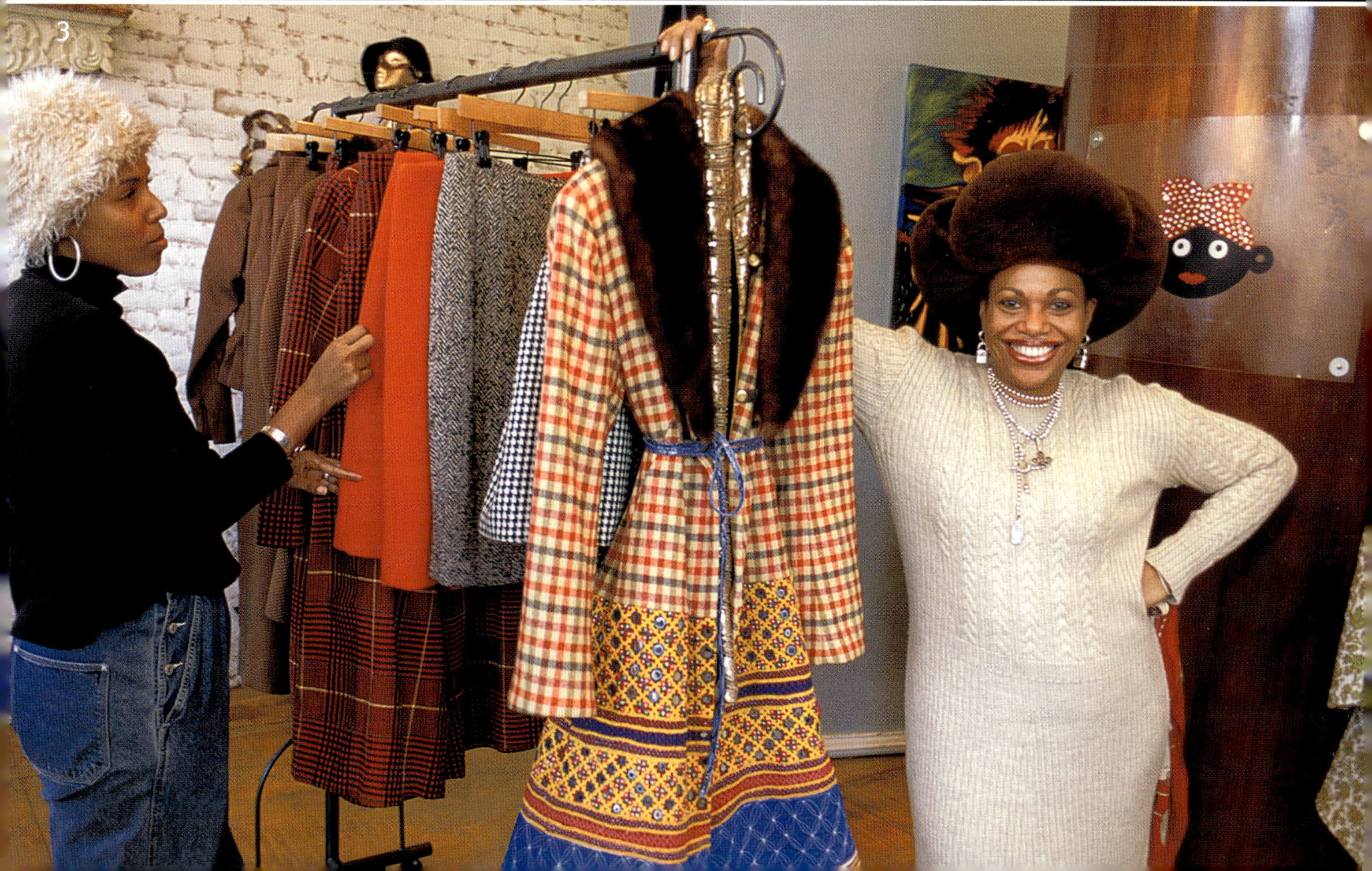

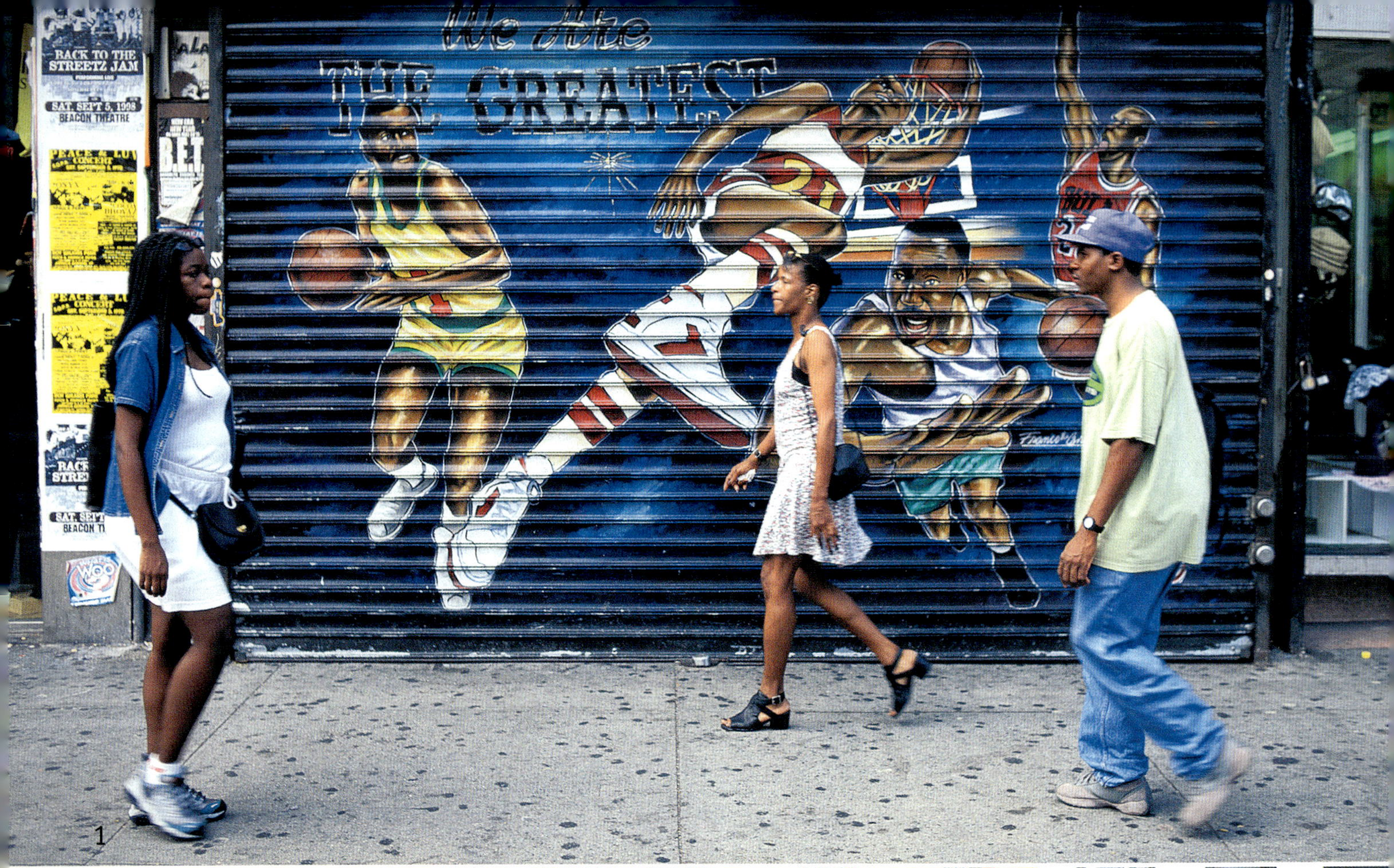
We Are
THE GREATEST
BACK TO THE STREETZ JAM
SAT. SEPT 5, 1998
BEACON THEATRE
1

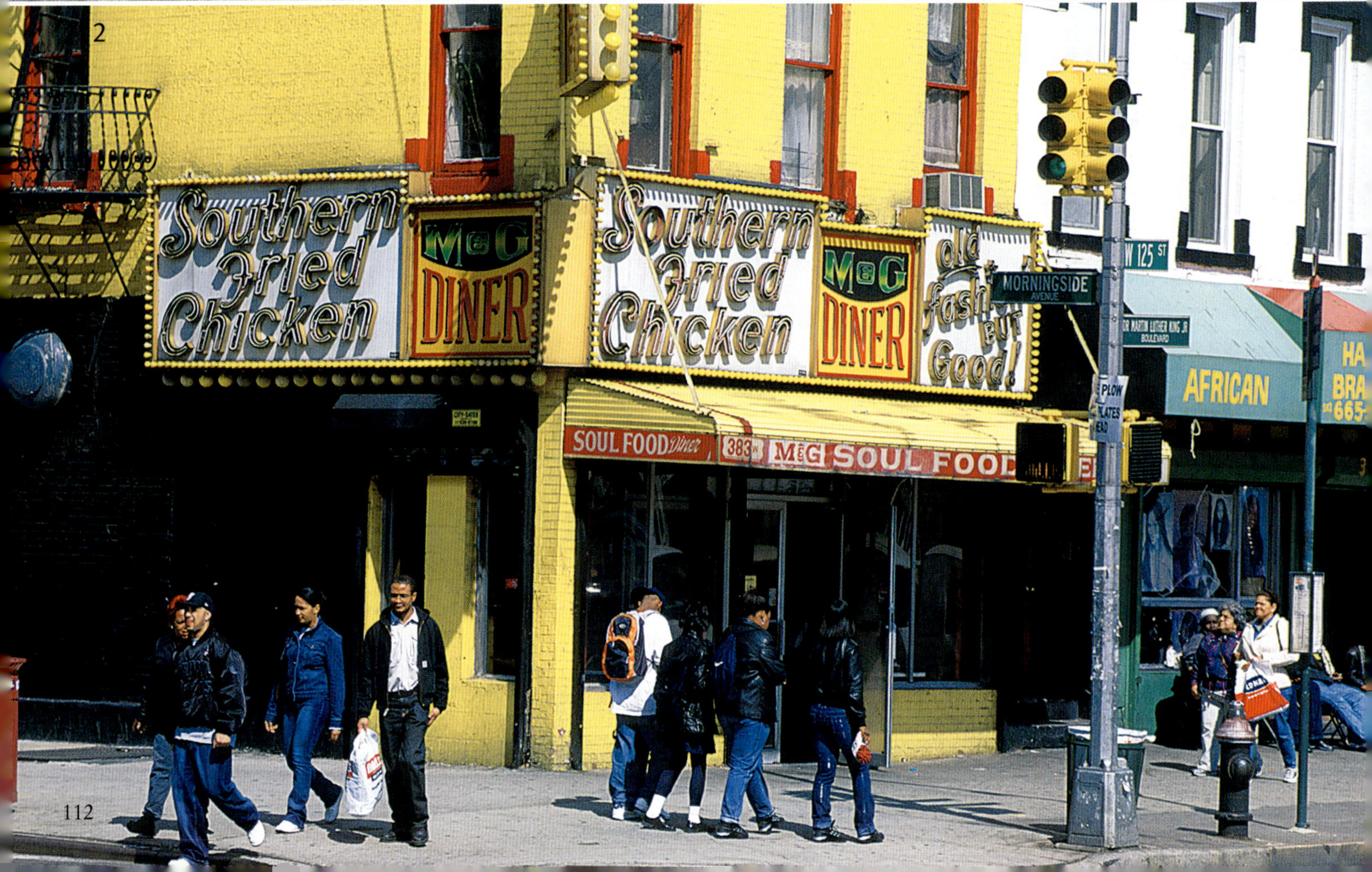
Southern Fried Chicken
M&G DINER
Southern Fried Chicken
M&G DINER
Old Fashion But Good!
MORNINGSIDE AVENUE
W 125 ST
AFRICAN
SOUL FOOD Diner
383
M&G SOUL FOOD
2

Nach Jahren des Verfalls und Niedergangs erlebt Harlem seit den späten 1990er-Jahren eine Renaissance und für viele New Yorker ist Harlem zur guten Adresse geworden. Was allerdings nach Meinung von Kritikern auch zu weiterreichenden Veränderungen in Sozial- und Infrastruktur führen und schlimmstenfalls den »Ausverkauf« des Viertels nach sich ziehen könnte.

Kultur und Grün in Harlem

Hauptschlagader ist immer noch die 125th Street, der »Martin Luther King Jr. Boulevard«. An der »Mall 125«, an der Südseite der Straße, reihen sich Shops, Lokale, Straßenhändler und Imbissbuden, und wo die Straße mit dem Frederick Douglass Boulevard (8th Avenue) kreuzt, liegt der angeblich größte afrikanische Basar westlich von Timbuktu mit seinen zahllosen Verkaufsständen. Man muss aufpassen, dass man die äußerlich wenig auffälligen Bauten von Apollo Theater oder Studio Museum of Harlem – mit Ausstellungen zur zeitgenössischen afroamerikanischen Kunst – nicht übersieht. Über die Geschichte des Viertels und seine Bevölkerung informiert das Schomburg Center for Research in Black Culture (515 Lenox Avenue/135th Street), das größte Forschungszentrum für afroamerikanische und afrikanische Kultur in den USA.

Viele Besucher kommen wegen der Gospelmessen nach Harlem – sie sind auch Bestandteil etlicher organisierter Touren. Gelegenheit dazu gibt es nicht nur in der berühmten Abyssinian Baptist Church von 1908 (138th Street), der ältesten »schwarzen Kirche« New Yorks, sondern an beinahe jeder Ecke, denn Gotteshäuser sind in Harlem reichlich vorhanden. Ebenso findet man Community Gardens, Gemeinschaftsgärten wie jenen von »Project Harmony«, der bereits im Jahr 1985 von Cynthia Nibbeluk-Worley und Joseph D. Wilson aus der Wiege gehoben worden waren.

Auf brachliegenden Grundstücken in den Wohnstraßen Harlems wurden (illegale) Gärten angelegt, die vielfach in Nacht- und Nebelaktionen dem Erdboden gleichgemacht wurden. Geblieben ist der Joseph Daniel Wilson Garden (W 122nd Street); er steht auf einer *preserved status list* und ist damit als offizieller Park ausgewiesen, den jeder Anwohner nutzen kann. Cynthias Mann Haja – Prediger, Vollzeitaktivist und Umweltschützer – gibt hier Anleitung im organischen Gartenbau und es finden Programme für Kinder, Workshops, Recyclingkurse und Reinigungsaktionen statt. »The Doers«, eine Gruppe von Frauen, verarbeitet unter Cynthias Regie die Gartenprodukte, bastelt Geschenke und verkauft sie unter dem Label »Harlem Harvest«.

1 *Dieses Graffito macht es deutlich: Für viele Afroamerikaner steht Basketball in der Gunst ganz oben. –* 2 *Am Martin Luther King Jr. Boulevard (125th Street) bieten Imbissbuden und Lokale Soulfood wie Hühnchen an. –* 3 *Noch heute treffen sich Musiker in den Kneipen von Harlem zu spontanen Jazz-Sessions. –* 4 *Mehr und mehr kreative Designer eröffnen in letzter Zeit Shops und Boutiquen in Harlem. –* 5 *Für viele Harlemnites ist der Central Park die »gute Stube« des Viertels.*

Wohnen auf dem »Sugar Hill«

Harlem bildet das Zentrum von Upper Manhattan, jenem Bereich nördlich der 110th Street (Central Park North). Westlich davon breitet sich Morningside Heights, die Heimat der Columbia University, aus. Um 1800 bestand dieses Areal

noch aus Wildnis mit drei Farmhäusern. Auch nachdem man um 1870 den Riverside Drive und den Park von Olmsted angelegt hatte, blieb es zunächst beschaulich. Das sollte sich erst 1880 ändern, als die Hochbahn Upper Manhattan erreichte und 1892 Baumaschinen anrückten, um mit dem Bau der bis heute unvollendeten Cathedral of St. John the Divine zu beginnen. Fünf Jahre später feierte man dann die Gründung der Columbia University.

Nördlich von Morningside Heights schließt sich ein Viertel an, das schon früh beliebt war: Der noble Hamilton Heights Historic District (W 141–145th Street), der mit dem Hochbahnbau nach 1880 aufblühte. Auch als »Harlem Heights« oder »Sugar Hill« bekannt, siedelten sich hier viele afroamerikanische Persönlichkeiten wie Count Basie, Duke Ellington und der Boxer Sugar Ray Robinson an. An die Zeit als »Sommerfrische« erinnert noch das Hamilton Grange National Memorial (287 Convent Avenue/141st Street), das ehemalige Landhaus von Alexander Hamilton, dem ersten US-Finanzminister und Gründer der National Bank, der 1804 in einem Duell starb.

Vom königlichen Kolleg zum Pulitzer-Preis

Die Columbia University gilt nicht nur als eine der ältesten, sondern auch als eine der angesehensten Hochschulen der USA. Zu den berühmtesten Absolventen zählen Franklin D. Roosevelt, Isaac Asimov, J. D. Salinger und Joan Rivers. König George II. von England gründete sie 1754 als »Kings College«. 1897 zog die Universität

in den Norden Manhattans, angeblich um Studenten von den Ablenkungen der Großstadt fern zu halten. Heute sind über 20 000 Studenten an 15 Fakultäten eingeschrieben, wobei die juristische, medizinische und besonders die journalistische als die renommiertesten gelten. 1912 gründete Joseph Pulitzer, der 1864 aus Ungarn in die USA ausgewandert war, die »School of Journalism«, und seither wird hier der angesehene gleichnamige Literaturpreis vergeben. Besonders sehenswert unter den rund 60 Einzelbauten ist die Low Library (mit Besucherinformation) auf dem Hauptplatz, dem Central Quadrangle. In den Jahren 1895 bis 1897 von McKim, Mead & White mit tempelartiger Fassade und hoher Kuppel erbaut, ziert die zugehörige Freitreppe eine bronzene Sitzfigur der Alma Mater von 1903. Gegenüber liegt die Butler Library – eine der größten wissenschaftlichen Bibliotheken der USA.

Sakrales in verschiedenen Varianten

An der Amsterdam Avenue spielt sich nicht nur das studentische Leben ab, dort steht zugleich ein Kuriosum: die Cathedral of St. John the Divine. 1892 legte man den Grundstein – und seitdem baut man hier, allerdings mit Unterbrechungen, da der Bau ausschließlich durch Spenden finanziert wird und arbeits- und materialaufwändige mittelalterliche Konstruktionsmethoden und Materialien zum Einsatz kommen. Das ehrgeizige Projekt

1 Ungewöhnlicher Gottesdienst in ungewöhnlicher Kirche: In der Cathedral of St. John the Divine findet einmal jährlich eine Tiersegnung statt. – 2 und 3 Die beiden Bibliotheksgebäude dominieren den Campus der ehrwürdigen Columbia University in Upper Manhattan.

2

3

soll einmal, mit Glück in etwa 50 Jahren, ins Guinness-Buch der Rekorde eingehen, und zwar als größte Kathedrale der Welt: Bei rund 200 Metern Länge und 42 Metern Höhe würde hier selbst die Statue of Liberty Platz finden! Schon heute beeindruckt die Kirche, die etwa 10 000 Besuchern Platz gewährt, mit all ihren gespendeten Kunstwerken und sehenswerten Architekturdetails. Am 4. Oktober, dem »St. Francis Day«, herrscht hier bei der »Tiermesse« reges Treiben.

Ein zweite ungewöhnliche Kirche liegt westlich der Universität, nahe dem Hudson River: die Riverside Church (490 Riverside Drive/122nd Street). John D. Rockefeller stiftete das Gotteshaus mit seiner gotischen Fassade nach Chartres-Vorbild 1927. Sehenswert sind die Buntglasfenster und die Denkmäler zu Ehren von Sokrates, Michelangelo, Florence Nightingale und Booker T. Washington. Hörenswert ist das weltweit größte Glockenspiel mit 74 Bronzeglocken, das Rockefeller zu Ehren seiner Mutter spendete.

Nicht weit entfernt rückt am Hudson River ein mächtiges Marmor-Mausoleum ins Blickfeld: Grant's Tomb (W 122nd Street/Riverside Drive), das Grabmal des Bürgerkriegsgenerals und späteren 18. Präsidenten Ulysses S. Grant. Nach seinem Tod 1885 und einem Trauerzug, an dem sich eine Million New Yorker beteiligt haben sollen, begann man den Bau des Mausoleums im Stil antiker Vorbilder. Offiziell eröffnet wurde die Erinnerungsstätte am 27. 4. 1897, dem 75. Geburtstag Grants. Seit 1958 ist sie ein Nationalpark.

Spektakulärer Abschied von Manhattan

Begonnen hat die Besichtigung Manhattans mit einer spektakulären Bootsfahrt, beenden könnte man sie mit der ebenfalls atemberaubenden Sicht auf den Hudson River und die mächtige George Washington Bridge. Kein Geringerer als Le Corbusier lobte die Ästhetik dieser 1931 eröffneten, 2,5 Kilometer langen Brücke mit ihren 14 Fahrspuren. Der Ausblick lässt sich bequem von »The Cloisters« im Fort Tryon Park aus bewundern – einer Zweigstelle des Metropolitan Museum of Art, die Teile der mittelalterlichen Sammlung birgt. Es ist beileibe kein gewöhnliches Museum, denn kaum hat man den Bau betreten, fühlt man sich in ein altes Kloster irgendwo in Spanien, Italien oder Frankreich versetzt. Das Kloster stammt zwar aus den 1930er-Jahren – erneut dank des spendenfreudigen John D. Rockefeller –, es ist aber aus verschiedenen mittelalterlichen Original-Bauteilen konstruiert und mit ebensolchen Schätzen gefüllt. Sitzt man im idyllischen, üppig begrünten Innenhof kann man sich nur noch wundern, zu welchen Überraschungen New York denn noch fähig ist.

1 *Eine Kapelle des Cloisters, der im Stil eines Klosters erbauten Filiale des Metropolitan Museum of Art im Fort Tryon Park. –* 2 *Blick in eine der Ausstellungshallen des Cloisters, das sich ganz der Kunst des Mittelalters widmet. –* 3 *In Grant's Tomb fand der 18. US-Präsident Ulysses S. Grant seine letzte Ruhe. –* 4 *Blick auf die 1927 erbaute George Washington Bridge, die schon Le Corbusier als Meisterwerk lobte.*

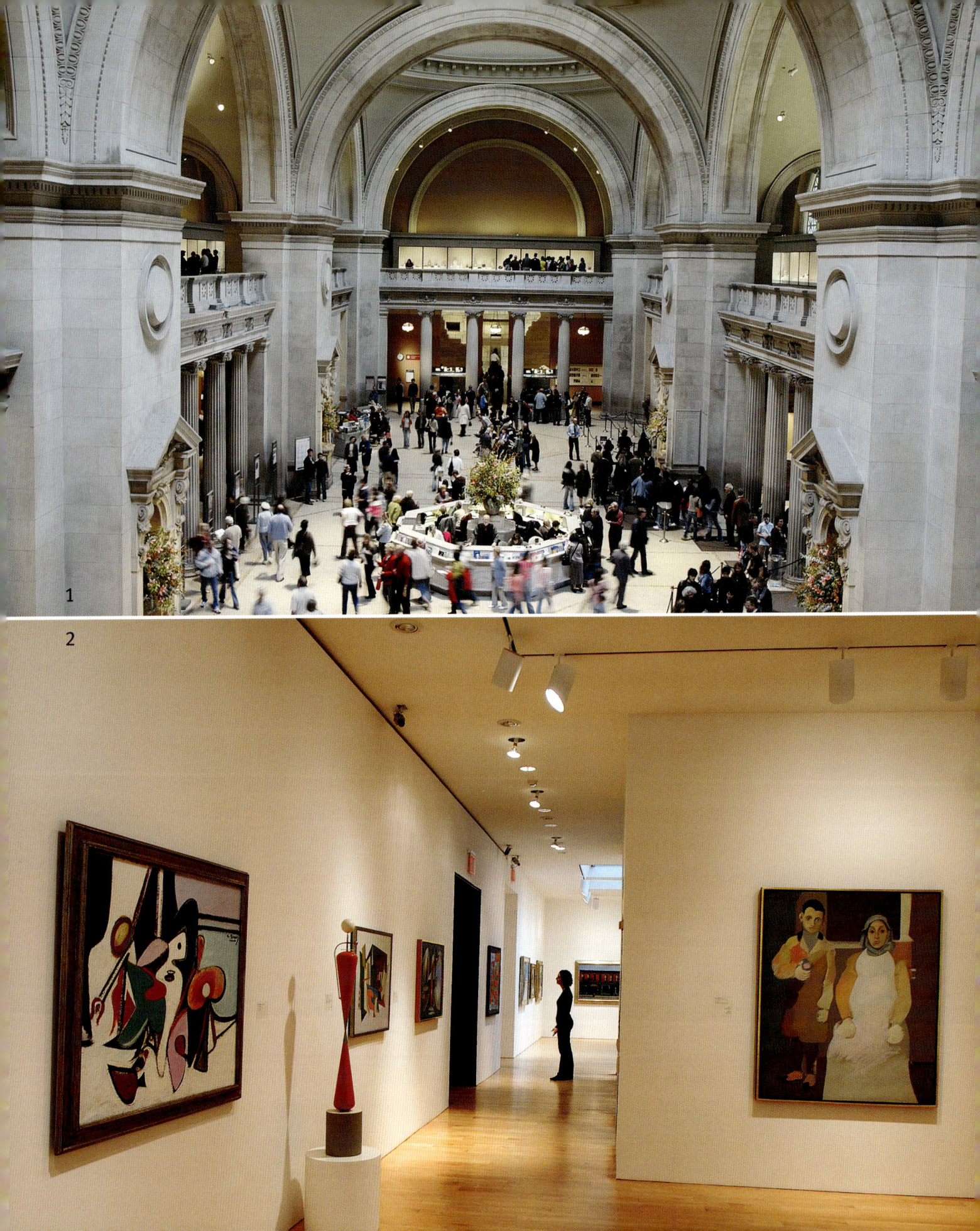

1

2

1 *Blick in die immer umtriebige Lobby des Metropolitan Museum of Art.* – 2 *Moderne amerikanische Kunst ist im Metropolitan Museum of Art stark vertreten.* – 3 *Das American Museum for National History besitzt eine ganze Reihe prähistorischer Relikte wie Dinosaurier-Skelette.* – 4 *Die ägyptische Abteilung gehört zu den Highlights eines Besuchs im Metropolitan Museum.* – 5 *Freunde moderne Kunst kommen im Guggenheim Museum auf ihre Kosten.*

Seite 120/121
1 *Auch das ist New York: Das mittelalterlich wirkende Belvedere Castle mitten im Central Park.* – 2 *Am Sonntag sind die meisten Straßen gesperrt und der Central Park gehört den sportlich Aktiven.* – 3 *Ein Brautpaar posiert für Hochzeitsaufnahmen im Central Park.* – 4 *Beruhigend für Seele und Auge: das Grün des Central Park mitten im Wolkenkratzer-Dschungel.*

1

2

3

4

Die »Boroughs«

Für New York City war 1898 ein einschneidendes Jahr: Damals hat man die Bronx, Queens, Brooklyn und Richmond – Letzteres 1975 in »Staten Island« umbenannt – in die früher nur aus der Insel Manhattan bestehende New York City eingemeindet. Über Nacht war New York mit rund 3,5 Millionen Einwohnern zur größten Stadt der Welt geworden. Während Brooklyn zu dieser Zeit nach New York, Philadelphia und Chicago bereits die viertgrößte Stadt der USA war, waren die Bronx, Queens und besonders Staten Island bis zum Zusammenschluss ländlich gewesen. Zugegeben, Manhattan allein bietet Besuchern ein volles Programm, doch ohne einen Abstecher in zumindest einen der vier anderen *boroughs* wäre eine New-York-Reise unvollständig. Locken in Brooklyn und Queens interessante, ethnisch vielschichtige Viertel und kulturelle Institutionen, ist es in der Bronx zum Beispiel der Zoo oder das Yankee Stadium. Und auf Staten Island schließlich kann man ins »idyllisch-ländliche New York« eintauchen.

Viele Besucher verbinden New York nur mit Manhattan, dabei zeigen die »Boroughs« – Brooklyn, Queens, Bronx und Staten Island – erst das wahre Gesicht der Stadt.

New York ist mehr als Manhattan
Brooklyn – Bronx – Queens – Staten Island

Der größte Teil der Metropole New York City liegt auf Inseln und ist somit von jeher flächenmäßig begrenzt. Die Bronx bildet mit ihrer Lage auf dem Festland eine Ausnahme. Einem ausgestreckten Finger gleich, grenzt an sie die Insel Manhattan, die vom Hudson River, Harlem River und East River umflossen ist. Östlich des East River liegt Long Island, »The Island«, eine etwa 190 Kilometer lange Atlantikinsel, die durch den Long Island Sound vom Festland abgetrennt ist. Ihren westlichen Teil machen Brooklyn und Queens aus. An der Mündung von Hudson und East River in den Atlantik liegt schließlich mit Staten Island der fünfte Stadtteil New Yorks.

»Letzte Ausfahrt Brooklyn«

»Last Exit to Brooklyn« machte 1964 nicht nur seinen Autor, Hubert Shelby,

weltberühmt, sondern ließ zugleich Brooklyn aus dem Schatten New Yorks heraustreten. Und das, obwohl Brooklyn in dem Roman durchaus nicht schmeichelhaft, sondern eher kritisch als »Schlund von New York« geschildert wird – eben so, wie es nach Jahrzehnten des Verfalls aussah: trostlos und verfallen. Wer Brooklyn heute besucht, wird kaum mehr verstehen können, wie es zu diesem schlechten Ruf kam. In den späten 1990er-Jahren wurde Brooklyn von einer bis heute ungebremsten Aufbruchstimmung erfasst, die den »Hinterhof New Yorks« zur trendigen Adresse machte und den »Brooklynites« zu neuem Selbstbewusstsein verhalf: »Brooklyn's back. It's hip. It's hot.«

Niederländer gründeten 1646 auf Long Island gegenüber von Nieuw Amsterdam die Siedlung »Breukelen«, das heutige Brooklyn. Das Dorf entwickelte sich rasch zu einem Industriestandort, der nach dem Zweiten Weltkrieg einen starken Zustrom von Immigranten erlebte, gleichzeitig aber wirtschaftlich und sozial verfiel. Den Zusammenschluss mit New York betrachtet man noch heute als »Big Mistake«, ging doch damit viel vom eigenständigen Charakter Brooklyns verloren. Als wesentlicher Identifikationsfaktor fungierte einst die Baseballmannschaft Brooklyn Dodgers, die jedoch zur Bestür-

zung der Brooklynites 1957 nach Los Angeles umzog.

Wiedergeburt einer alten Metropole

Als man Brooklyn vor über 100 Jahren New York einverleibte, verlor die einst viertgrößte US-Metropole nicht nur ihre Eigenständigkeit, sondern richtete den Blick fortan stets sehnsuchtsvoll nach Westen. Erst ab 1965, als Brooklyn Heights, das Stadtviertel am East River und der Brooklyn Bridge, zu New Yorks erstem »Historic District« ernannt wurde, begann man sich allmählich wieder seiner Geschichte zu erinnern.

Heute gilt der Blick von Brooklyns Heights Promenade am East River auf die Skyline von Manhattan als Highlight eines New-York-Besuchs, und der neu entstehende Brooklyn Bridge Park steht symbolisch für das Revival, das Brooklyn erfasst hat. Die alte Hafenfront mit ihren Piers zwischen Brooklyn Brigde und Red Hook ist Fokus einer noch laufenden Revitalisierungsaktion, bei der Brooklyns Waterfront zu Parks, Eventräumen und Naturarealen umgestaltet wird. Als erster Teil des neuen Brooklyn Bridge Park wurden 2010 Pier 1 und 6 eröffnet – mit Spiel- und Sportplätzen, Sonnendeck und Fähranlegestelle, 2011 folgte Empire Fulton Ferry Park mit historischem Karussell.

1 1908 errichtete man noch Tempel für Banken: das Dime Savings Bank Building in Downtown Brooklyn. – 2 Im scheinbar uferlosen Häusermeer Brooklyns verbergen sich zahlreiche pulsierende Viertel. – 3 Brooklyn Heights ist bekannt für seine historischen Reihenhäuser, die Brownstones.

Längst sind aber nicht nur die Waterfront und die hübschen Brownstone-Häuschen in Brooklyn Heights ein Anziehungspunkt, auch andere Viertel erfreuen sich regen Zuspruchs: Williamsburg und Greenpoint mausern sich zu neuen Bohemequartieren, zu hippen und lebhaften Multikultizentren. Die Wohnviertel Cobble Hill, Boerum Hill und Carroll Gardens in South Brooklyn sind »in« geworden, ebenso das einstige Hafenviertel Red Hook mit seinem neuen Kreuzfahrtschiffhafen, an dem auch schon die »Queen Mary 2« anlegte. Die Steiner Studios im Brooklyn Navy Yard am East River tragen außerdem dazu bei, Brooklyn zum »zweiten Hollywood« zu machen.

Von Grashalmen und Brücken

»Ich bin immer nur ein Lokalpatriot gewesen – von Brooklyn. Der Rest der Vereinigten Staaten existiert für mich nicht, außer als Idee, als Geschichte oder als Literatur«, schwärmte Henry Miller von seiner Heimat. Er war nicht der einzige Prominente aus diesem »Borough«: Woody Allen, Norman Mailer, George Gershwin, Hubert Shelby, Barbra Streisand und Spike Lee wurden hier geboren oder lebten in diesem Viertel. Und auch Amerikas Nationaldichter Walt Whitman stammte aus Brooklyn.
Walt Whitman kam 1819 in Brooklyn als Sohn eines Zimmermanns zur Welt. Er hat in den USA einen ähnlichen Stellenwert

wie Johann Wolfgang Goethe im deutschsprachigen Raum. Im Gegensatz zu diesem stammt aus Whitmans Feder jedoch nur ein einziges Werk: die Gedichtsammlung »Grashalme«. Über 30 Jahre lang, bis zu seinem Tod im Jahr 1892, hat er sie ständig ergänzt und immer wieder neu aufgelegt. Er schwärmt darin von der Demokratie, der Neuen Welt und den Errungenschaften der Technik. Whitman war es auch, der der Brooklyn Bridge ein dichterisches Denkmal setzte, indem er einen Spaziergang über sie als »beste und wirkungsvollste Medizin« für die Seele bezeichnete.

Brooklyns viele Gesichter

Als die Brücke 1883 die Fulton Ferry ablöste, entstanden am Ufer über den Dächern der Hafen-Lagerhallen die Villen der Unternehmer mit hübschen Vorgärten. In zweiter Reihe wurden die kleineren Brownstone-Reihenhäuschen gebaut. Seit einigen Jahren lockt nördlich der Brücke das ehemalige Hafenviertel DUMBO – »Down Under the Manhattan Bridge Overpass« – mit einer ausgefallenen kulinarischen und künstlerischen Szene. Von Brooklyn Heights über die Haupteinkaufsstraße, die Montague Street, oder durch »Brooklyn's Orient«, die Atlantic Avenue, gelangt man auf einem kurzen Spaziergang nach Downtown Brooklyn. Im Zentrum: das Rathaus, die »Borough Hall«, die »schwarze« Fulton Street Mall und das sehenswerte New York Transit

1 »It's a black thing …!« In Brooklyn ist man stolz auf seine Herkunft. – 2 Brooklyns Lebensfreude zeigt sich während der vielen Straßenfeste und Konzerte. – 3 In Fort Greene hat sich eine innovative afroamerikanische Mode- und Kunstszene entwickelt. – 4 Brooklyn wurde von jungen New Yorkern als attraktive Wohnadresse entdeckt.

Museum (Boerum Place/Schermerhorn Street). In einer alten Subway-Station aus den 1930er-Jahren kann man viel Interessantes über die legendäre New Yorker U-Bahn erfahren.

1

Wo sich die Fulton Street mit der Flatbush Avenue kreuzt, im Viertel Fort Greene, findet man nicht nur die Designerboutiquen überwiegend afroamerikanischer Modeschöpfer, afrikanische Restaurants und Szenetreffs, sondern auch »BAM«. Die Brooklyn Academy of Music (30 Lafayette Avenue) ist weit über die Stadtgrenzen hinaus bekannt als Sitz des 1858 gegründeten Brooklyn Philharmonic Orchestra, aber auch als Veranstaltungsort des »Next Wave Festivals« und

generell als höchst innovative Kultureinrichtung. Auch das Brooklyn Museum (200 Eastern Parkway) hat Brooklyn weltberühmt gemacht. 1879 erbaut und 2004 um einen modernen gläsernen Zugangspavillon erweitert, präsentiert es attraktiv ein breites Spektrum von ägyptischer bis zeitgenössischer Kunst. Das Museum und der daran angrenzende Brooklyn Botanic Garden liegen in der guten Stube von Brooklyn, dem Prospect Park. Frederik Law Olmsted, der rund vier Jahrzehnte zuvor den Central Park geplant hatte, legte ihn im Jahr 1910 an. Umgeben ist die grüne Lunge von zwei zurzeit sehr beliebten Wohnvierteln: Park Slope und Prospect Heights.

Bunte Neighborhoods

Südlich davon liegt Flatbush, das zwischen 1898 und 1910 entstandene Viertel der besser verdienenden, großteils jüdischen New Yorker. In manchen Regionen von Flatbush, wie etwa in Midwood, vermitteln parkartige Wohnalleen fast schon Kleinstadtflair – und das, obwohl man gerade eine gute halbe Stunde U-Bahnfahrt von Manhattan entfernt ist. Hier lässt es sich im »Strange Dog Inn« gut wohnen. Noch älter als Flatbush ist der südwestlich gelegene Sunset Park. Er ist heute das größte Denkmalschutzgebiet der USA, mit dem Greenwood Cemetery, auf dem viele berühmte New Yorker – wie Louis Comfort Tiffany, Alice Lee Roosevelt und Henry Ward Beecher – begraben liegen.

Bensonhurst, noch weiter im Süden, gilt als das alte Italienerviertel, und das spürt man besonders entlang der Hauptachse, der 18th Avenue. Die östlich davon gelegene, heute bunt gemischte Wohngegend Bay Ridge kennt jeder Sportfan, zumindest von Fernsehbildern: Hier liegt nämlich die Verrazano Narrows Bridge, wo alljährlich der berühmte New York City Marathon startet. Die Brücke führt vier Kilometer über »The Narrows«, die Mündung des Hudson Rivers in den Atlantik, und verbindet seit 1964 Brooklyn und Staten Island.

In eine komplett fremde Welt scheint man im östlichen Crown Heights einzutauchen. Dort sind vor allem orthodoxe Lubawitscher Juden, eine Hauptgruppe der Chassidim (Ostjuden), zu Hause; etwa 40 000 von ihnen leben allein in Brooklyn. Ihre männlichen Gemeindemitglieder fallen durch lange Mäntel (Sirtuks), hohe fellumrandete Hüte, lange Bärte und Schläfenlocken (Payis) auf, die Frauen wiederum durch eine Kopfbedeckung beziehungsweise Perücke.

Williamsburg im Norden ist seit der Eröffnung der Williamsburg Bridge 1903 ein zweites chassidisches Zentrum, gilt aber auch als Brooklyn's »East Village« – als buntes, multiethnisches Viertel um die Bedford Avenue. Ein Relikt alter Zeiten liegt in der 11th Street: die »Brooklyn Brewery«. Diese Kleinbrauerei hält die Fahne für die einstige Bierhochburg Brooklyn hoch. Um das Jahr 1880 sollen

1 *Eines der Top-Events im New Yorker Veranstaltungskalender ist der New York City Marathon am ersten November-Sonntag. – 2 Der »Train« (die Subway) ist das wichtigste Verkehrsmittel und verkehrt abschnittsweise auch als Hochbahn. – 3 Nicht nur die ägyptische Sammlung im Brooklyn Museum lohnt den Besuch dort.*

sich 50 der 70 Brauereien New Yorks hier befunden haben.

Coney Island – New Yorks Badestrand

Nach Jahrzehnten des Verfalls erlebt New Yorks Ausflugsziel Coney Island, die Halbinsel am Südzipfel Brooklyns, ein vorsichtiges Revival. Die angeblich flächenmäßig größte U-Bahn-Station der Welt, die Subway-Endstation an der Stillwell Avenue, trägt mit ihren Läden und Büros ebenso dazu bei wie der nahe gelegene KeySpan Park. In dem schmucken kleinen Stadion locken die Brooklyn Cyclones, das Baseball-Farmteam der Profis New York Mets, die Baseball-verrückten Brooklynites in Scharen an.

Vor allem aber sind die Vergnügungsparks und der legendäre Boardwalk, die hölzerne Promenade entlang dem Strand, auf der sich Einheimische und Besucher »ergehen« oder sonnen, die Hauptattraktion. Hier wird offensichtlich, dass New York durchaus auch ein Badeort ist. »Nathan's«, wo 1900 der Hot Dog – das amerikanische Nationalgericht – »erfunden« worden sein soll, gilt als eines der wenigen Relikte aus dem frühen 20. Jahrhundert, aus jener Zeit, als Coney Island noch als »Sodom by the Sea« verrufen war. In den 1920er-Jahren hatte es die Subway den New Yorkern erstmals ermöglicht, schnell zur Erholung an den Atlantik zu fahren, und von da an machte das von den Nie-

derländern als »Koenen Eyland« bezeichnete Stück Land eine ungeahnte Entwicklung durch.

Es entstand ein riesiger Freizeitpark, quasi ein Vorläufer von »Disneyworld«, mit Nachbauten des Canal Grande oder von Pompeji, mit Astronautenshows und einer Liliputanerstadt, riesigen Fantasiebauten wie dem Beacon Tower und mehreren roller *coasters* (Achterbahnen) wie dem »Cyclone«. Letzterer war Teil des nicht mehr existierenden »Astroland Amusement Park« und wird noch heute betrieben. Ebenso sind »Deno' Wonder Wheel Amusement Park« und der Fallschirmturm der Weltausstellung 1940, der das Gelände weithin sichtbar überragt, Relikte aus alten Zeiten. 2010 wurde als neue Attraktion »Zamperla's Luna Park« mit 19 spektakulären Fahrgelegenheiten eröffnet, darunter ein Flugsimulator, 2011 folgte »Scream Park«. Der originale Luna Park war 1944 abgebrannt.

Auf der Strandpromenade, vorbei an Imbiss- und Souvenirbuden, Fahrgeschäften und Spielearkaden, geht es zur einzigen größeren Attraktion Coney Islands, dem New York Aquarium for Wildlife Conservation, das Mitte des 20. Jahrhunderts hierher zog. Von dort aus ist es nur noch ein Katzensprung nach Brighton Beach, am östlichen Strandende, auch »Little Odessa By The Sea« genannt. Hier taucht man erneut in eine völlig andere Welt ein: laut, dicht bevölkert, fremdartig, etwas

1 *Das Riesenrad im »Astroland« ist ein Wahrzeichen von Coney Island. – 2 Eine Renaissance als Vergnügungpark erlebt die Halbinsel am Südzipfel Brooklyns. – 3 Kids lieben Coney Island und die Vergnügungen entlang dem Boardwalk. – 4 Der lange Sandstrand am Atlantik hat Coney Island zu New Yorks Sommerfrische gemacht. – 5 Coney Island ist nicht nur Vergnügungspark, sondern auch Heimat vieler New Yorker.*

chaotisch und bunt. Seit den 1970er-Jahren ist hier die russisch-ukrainische Gemeinde New Yorks zu Hause, es gibt entsprechende Lebensmittelläden, Bäckereien und Restaurants, in denen man oft weder Englisch spricht noch schreibt. Weiter östlich stößt man auf die Sheepshead Bay, ein

Stück altes New York. Sie erinnert an das Fischerdorf, in dem New Yorker früher frischen Fisch kauften. Heute genießen sie ihn eher in schicken Fischlokalen. In dem kleinen fotogenen Hafen liegen heute mehr private Segeljachten und Ausflugsschiffe vor Anker als Fischerboote.

Queens: zwischen Sport und Kunst

Den Stadtteil Queens kennt man aus mindestens zwei Gründen: Erstens betreten die meisten Besucher in Queens auf dem John F. Kennedy International Airport erstmals New Yorker Boden. Und zwei-

tens wird hier mit dem US Open das nach Wimbledon berühmteste Tennisturnier der Welt ausgetragen. Insider kennen Queens auch wegen der hier ansässigen, neben den Yankees zweiten New Yorker Baseballmannschaft: den Mets. Queens liegt wie Brooklyn auf Long Island, und

auch diesen »Borough« hat erst der Brücken- und Subway-Bau »erschlossen«: 1904 nahm die erste Subway, die heute noch legendäre Linie 7, ihren Betrieb auf, 1909 folgte die Queensboro Bridge. Nach und nach begannen sich besser situierte New Yorker hier anzusiedeln, darunter viele Afroamerikaner, die aus dem eng gewordenen Harlem wegzogen. Auch Größen des Jazz wie Louis Armstrong, Count Basie und Ella Fitzgerald gehörten dazu. Ihnen widmet sich der »Queens Jazz Trail«. Diese Route führt an legendären Plätzen und Wohnhäusern der Prominenten vorbei, wie etwa dem Haus von

Louis Armstrong, das man auch besichtigen kann. In Astoria, dem alten Griechenviertel um Steinway Street und 30th Avenue, bevölkerten einst New Yorker an Wochenenden nicht nur die über 500 Biergärten. Ende des 19. Jahrhunderts bezog der berühmte Klavierhersteller Steinway & Sons, gegründet von einem deutschen Immigranten, hier seinen Firmensitz und errichtete »Steinway Village«. In diesem Teil von Queens liegen aber auch die »Kaufman Astoria Studios« und das kürzlich erweiterte Museum of the Moving Image – zwei Institutionen, die eindrücklich New Yorks Bedeutung als Filmstadt vor Augen führen.
Doch dieser Stadtteil bietet auch zwei wichtige Kunstinstitutionen: Das »MoMA PS1«, das mit dem MoMA kooperierende Contemporary Art Center, genießt in innovativen Kunstkreisen hohes Ansehen. 1998 von einer jungen Künstlergruppe in einem alten Schulbau von 1894 gegründet, gilt es als »Think Tank«, »Labor« und Sprachrohr der zeitgenössischen Kunstszene. Kleiner, aber ebenfalls ungewöhnlich, ist »The Noguchi Museum« (32–37 Vernon Blvd.) auf einem alten Fabrikgelände – das einstige Atelier des japanischen Steinbildhauers Isamu Noguchi (1904–88) mit japanischem Garten.

Auf Weltreise mit dem »International Express«

Queens ist flächenmäßig der größte der fünf »Boroughs« und zugleich der eth-

1 *Eines der Instrumente von »Satchmo« im Louis Armstrong House Museum im Stadtteil Flushing/Queens. – 2 Die 1909 erbaute Queensboro Bridge sorgte dafür, dass Queens zum flächenmäßig größten der fünf »Boroughs« wurde. – 3 Ethnische Vielfalt in Queens – hier sind Menschen aus aller Herren Länder zu Hause.*

1

nisch vielfältigste Stadtteil: Hier leben rund 2,3 Millionen Einwohner aus aller Herren Länder. Bei einer Fahrt mit dem »International Express«, der U-Bahnlinie 7 – benannt nach der Gesamtfahrstrecke von sieben Meilen – kann das jeder leicht selbst entdecken. Sobald die 7 aus dem Manhattan-Tunnel ans Tageslicht gelangt, begibt sie sich als Hochbahn auf »Weltreise«: An fast jeder Haltestelle in Queens zwischen der 33rd Street und dem Endpunkt in Flushing können die Fahrgäste in eine andere Kultur eintauchen. Da ist das irische Viertel um die 33rd Street oder der »Orient« an der 46th Street. Zwischen der 52nd und der 61st Street hört man vor allem Spanisch, während man sich um die Kreuzung Broadway/74th Street und in Jackson Heights nach Indien, Pakistan oder Bangladesch versetzt fühlt. Im Bereich der Haltestellen 82nd Street/Jackson Heights und 90th Street/Elmhurst Avenue herrscht mexikanisch-karibische Atmosphäre, Junction Boulevard und 103rd Street/Corona Plaza sind dagegen wieder fest in islamischer Hand. Ein italienisches Viertel breitet sich um die Station an der 111th Street aus, ehe man den Flushing Meadow Park (Station Willets Point/Shea Stadium) erreicht. Dort sind die Baseballer der Mets zu Hause, werden die »US Open« ausgetragen und steht im Queens Museum of Art das angeblich größte Architekturmodell der Welt, das »Panorama of the City of New York« von Robert Moses. 1964 zur Weltausstellung entstanden und 1994 total

renoviert, setzt es sich aus knapp 900 000 Einzelteilen zusammen. An der Endstation Flushing befindet sich das zweitgrößte Chinatown von New York, während etwas weiter entfernt beschauliche Wohnstraßen eher an das ländliche Neuengland als an die Weltmetropole New York erinnern.
Seit April 2009 spielen die New York Mets in einem neuen knapp 42 000 Zuschauer fassenden Stadion, dem »CitiField«. Errichtet im beliebten Retro-Stil erinnern die Fassade aus Ziegeln und das dunkle Stahlgerüst an das legendäre »Ebbets Field« in Brooklyn, wo zwischen 1913 und 1957 die Dodgers spielten, die heute in Los Angeles zu Hause sind. In der großen Eingangshalle, der Jackie Robinson Rotunda, wird an den legendären Dodgers-Spieler Jackie Robinson (1919–1972) erinnert. Er war im Jahr 1947 als erster Afroamerikaner im Berufsbaseball im Trikot der Dodgers eingelaufen und hatte maßgeblichen Anteil am Erfolg des Teams und an der Meisterschaft 1955.

Unterschätzte Bronx

Die Bronx, als einziger Teil New Yorks auf Festland gelegen, hat der Däne Jonas Bronck 1641 für die Dutch West India

Company in Besitz genommen. Den Ruf eines eher unansehnlichen Wohnvororts erwarb sich die Bronx nach dem Zweiten Weltkrieg, als sich ärmere Schichten hier ansiedelten und uniforme Wohnblöcke entstanden, dabei hat die Bronx gleich drei Hauptattraktionen zu bieten.

Im Nordwesten befindet sich der Bronx Park mit dem weltberühmten Zoo. 1899 gegründet, gilt er als größter Tiergarten der Welt innerhalb eines Stadtgebiets. Auch der New York Botanical Garden am nördlichen Parkrand genießt besonderen Status: Er zählt zu den ältesten (1891) und größten der USA und beherbergt mit dem Enid A. Haupt Conservatory von 1902 das größte viktorianische Glashaus der USA. Durch den Bronx Park führt die East Fordham Road, die längste Einkaufsstraße in der Bronx. Nördlich breitet sich mitten im Grün der alte Campus der

1 *Die berühmteste Baseballmannschaft der Welt, die New York Yankees, sind seit 1903 in New York und seit 1923 in der Bronx zu Hause. – 2 Keine Mannschaft ist so erfolgreich wie die Yankees, die bislang 27 Meisterschaften feiern konnten.*

Fordham University aus, einer privaten katholischen (Jesuiten-)Universität. Ganz in der Nähe verläuft die Arthur Avenue, die Hauptachse von »Real Little Italy«, in deren Mittelpunkt der Arthur Avenue Market mit seinen italienischen Spezialitätenständen steht.

»The House that Ruth Built«

Weit über ihre Grenzen hinaus bekannt ist die Bronx jedoch als Heimat der Yankees, der berühmtesten Baseballmannschaft der

1

Welt. Im Süden der Bronx, gegenüber Upper Manhattan, befindet sich das Yankee Stadium. Seit Anfang April 2009 ersetzt das neue Yankee Stadium im modischen Retro-Stil und großteils vom Verein selbst finanziert, den 1923 eröffneten alten

Ballpark, in dem die legendären Bronx Bombers und deren Stars –Babe Ruth, Lou Gehrig, Joe DiMaggio, Yogi Berra, Reggie Jackson oder Joe Torre – Baseballgeschichte schrieben. Nicht nur in der Great Hall wird an die legendären Stars und die bislang 27(!) Meistermannschaften erinnert, es gibt auch eine Art Galerie, einen großen Laden und ein Yankee Museum. Ein Pilgerort für Fans ist der Monument Park am Spielfeldrand, in dem Erinnerungsplaketten an legendäre Funktionäre, Trainer und Spieler erinnern.

New York gilt als »Capital of Baseball«, allein schon deshalb, weil sich hier nachweislich 1845 der erste Baseballclub gründete: der »Knickerbocker Club of New York«. Und wenn schon das Spiel – »The National Game« – nicht hier erfunden wurde, so verweist man zumindest stolz darauf, maßgeblich Anteil am Aufbau eines Regelwerks gehabt zu haben. Die Mannschaften aus New York spielten stets eine herausragende Rolle im Berufsbaseball. Und das seit den Gründungen der National League (NL) im Jahr 1876 und der American League (AL) von 1900, die sich 1903 zur

höchsten Klasse, Major League Baseball (MLB), zusammenschlossen.

Ganz besonders wichtig waren die 1903 aus Baltimore zugezogenen Yankees – sie lieferten sich bis in die späten 1950er-Jahre mit den New York Giants und den Brooklyn Dodgers spannende Duelle, die die ganze Stadt in Aufruhr versetzten. Doch dann packten die Giants und die Dodgers ihre Koffer und zogen ins sonnige Kalifornien – nach San Francisco beziehungsweise Los Angeles. Dass New York dennoch eine »Hauptstadt des Baseball« blieb, ist den 1962 gegründeten Mets zu verdanken, den Lokalrivalen der Yankees. Ihre Anhängerschaft ist nicht weniger groß oder treu als die des großen Konkurrenten. Letztes Erfolgserlebnis waren 2000 die sogenannten »Subway Series«: Damals zogen die Mets erst im Finale gegen den Lokalrivalen aus der Bronx den Kürzeren.

Ländliche Idylle auf Staten Island

Staten Island hat den Vorteil einer kostenlosen Fährverbindung mit Ausblick. Viele kennen daher den Hafen, wenige aber den Rest der Insel, die immerhin etwa doppelt so groß wie Manhattan ist. Es ist eine »Small Town« mitten in der Weltmetropole, ein ländliches Idyll mit Hügeln, Wiesen und Seen. Lange galt Staten Island als der unscheinbarste »Borough« und erst als 1964 die Verrazano Narrows Bridge zwischen der Insel und Brooklyn eine Ver-

1 Die Verrazano Narrows Bridge verbindet seit 1964 Brooklyn und Staten Island und dient als Startpunkt des New York Marathon. – 2 Der Monument Park im Baseballstadion zeigt den Stolz der Yankees auf ihre Geschichte. – 3 Herbststimmung am Silver Lake Park – Staten Island repräsentiert New Yorks ländliche Seite.

2

3

1

2

3

bindung herstellte, entdeckten mehr und mehr New Yorker – vor allem aus der weißen Mittelschicht – den Reiz der Insel. Das Snug Harbor Cultural Center, etwa drei Kilometer westlich des Fährhafens, war einst eine Seefahrerherberge und fungiert heute als Kultur- und Veranstaltungszentrum. In verschiedenen, teils historischen Gebäuden sind mehrere Institutionen und Museen zu Hause und es finden auch Konzerte, Ausstellungen und Kurse statt. Dazu gehören das Newhouse Center for Contemporary Art, das Staten Island Children's Museum, die John J. Marchi Exhibition Hall und der Staten Island Botanical Garden. Hauptattraktion ist jedoch die im Landesinneren gelegene Historic Richmond Town, ein Freilichtmuseum. Über 30 originale, zum größten Teil hierher transportierten Häuser von 1696 bis ins 19. Jahrhundert bilden ein Museumsdorf, in dem drei Jahrhunderte Geschichte und Kultur auf der Insel wiederbelebt werden.

Ausflug zu den »Rich and Famous«

Während der Westen von Long Island aus den New Yorker »Boroughs« Brooklyn und Queens besteht, bildet der Rest der sich rund 190 Kilometer nach Osten erstreckenden Insel einen deutlichen Kontrast: Die gleichförmigen Schlafstädte der Besserverdienenden gehen mit zunehmender Entfernung von der Stadtgrenze in eine Idylle über. Landwirtschaft und Weinbau rücken immer stärker in den Vordergrund. Über 40 Weingüter haben Long Island den Spitznamen »Napa Valley des Ostens« eingebracht, und die Qualität der hier produzierten Weine steigt beständig.

Künstler und Literaten haben die malerischen Orte, einst abgelegene Bauern- oder Fischerdörfer, als Refugien entdeckt. Heute sind sie beliebte Wohnadressen der »Rich and Famous«. Wie Zacken einer Gabel ragt Long Island im Osten in den Atlantik, und bezeichnenderweise heißen die beiden äußersten Enden South Fork und North Fork. Sandstrände und Dünenlandschaften mit kleinen Ferienorten wie den Hamptons, Sag Harbor und Montauk werden unterbrochen von den exklusiven Enklaven der Prominenz,

die hier, wie Billy Joel und Caroline Kennedy, abgeschottete Wochenend- und Ferienhäuser unterhält.

Der Bau der Eisenbahn 1872 hat zur Erschließung dieses Inselteils als Sommerfrische beigetragen. Hier lebten aber auch Künstler wie Thomas Moran und William de Kooning oder Autoren wie Truman Capote und John Steinbeck. Heute sind es vielfach ganz »normale« New Yorker. Der exklusivste und besuchenswerteste Ort ist das etwa 350 Jahre alte Southhampton. East Hampton, das »schönste Dorf Amerikas«, und Amagansett sind jedoch ebenfalls nicht zu verachten. Berühmtheit erlangte der Fischerort Montauk durch Max Frischs gleichnamiges Stück und den ältesten Leuchtturm von New York aus dem Jahr 1796. Wie ein Freiluftmuseum wirkt schließlich der alte Walfängerhafen Sag Harbor, wo beinahe alle Häuser unter Denkmalschutz stehen und es ein sehenswertes Whaling Museum und die Old Whaler's Church (1844) gibt.

1 *Das Montauk Point Lighthouse von 1797 gehört zu den Wahrzeichen von Long Island. – 2 Eine Windmühle in East Hampton untermauert Long Islands malerische Seite. – 3 In den beschaulichen Ortschaften auf Long Island haben sich viele Prominente luxuriöse Rückzugsorte geschaffen. – 4 Sandstrände und Dünenlandschaften mit kleinen Ferienorten und ehemaligen Walfanghäfen prägen Long Island.*

1 Eine Pause mit Erfrischung gönnt sich diese Familie nach dem Trubel auf Coney Island. – 2 »BAM« ist weit über die Grenzen hinaus für ein kreatives Programm bekannt. – 3 Manche nehmen weite Wege in Kauf: Die Hot Dogs bei »Nathan's« auf Coney Island sind eine Institution.

Das Hudson-River-Tal – hier bei Hyde Park – hat sich im Norden von New York City viel von seiner wilden Ursprünglichkeit bewahrt.

New Yorks Top Ten

Brooklyn Bridge & Promenade

Ein Spaziergang über die 1883 eröffnete Brooklyn Bridge ist für Besucher genauso ein Muss wie der Blick auf die New Yorker Skyline von der nahen Brooklyn Promenade. Ein Spaziergang über dieses technische Wunderwerk mit seinen 1725 Meter Länge dauert mit Fotopausen 30 bis 45 Minuten. Vom Endpunkt in Brooklyn sind es weitere 10 bis 15 Minuten nach Brooklyn Heights mit Clark und Montague Street als Hauptachsen sowie zur Brooklyn Promenade, besonders empfehlenswert bei Sonnenuntergang. Derzeit werden die alten Piers im Bereich der Brücke zum Brooklyn Bridge Park umgestaltet und mit Grünanlagen und Fahrradwegen, Bühnen, Spiel- und Sportflächen, Bootsanlegern und Angelpiers ausgestattet. Piers 1 und 6 (am Rande der Atlantic Ave.) sowie die Grünanlage Empire Fulton Ferry Park direkt an der Brooklyn Bridge sind bereits fertig, weitere sind in Planung bzw. Arbeit (Infos: www.brooklynbridgepark.org)

Times Square

Am Times Square schlägt das Herz der Stadt. Bekannt wurde der Platz, als 1907 erstmals eine illuminierte Silvester-Kugel herabgelassen und 1928 ein umlaufendes Nachrichtenband um das Times-Gebäude installiert wurde. Seit Frühjahr 2009 ist der Times Square verkehrsberuhigt. Entstanden ist eine Art Fußgängerzone mit Stühlen, Tischen und Liegen sowie Pflanzkübeln und Radwegen. Auch auf der knallroten tribünenartigen Fiberglas-Treppe vor dem TKTS-Bau am Duffy Square, dem Times Square gegenüberliegend, lässt sich gut ein Päuschen machen. Am Times Square beginnt der Theaterdistrikt. Hier geht die Stadt auch architektonisch neue Wege, etwa mit dem New York Times Tower (620-636 8th Avenue). Die »New 42nd Street« bildet die zentrale Achse und besonders im Bereich zwischen 7th und 8th Avenue reihen sich Kino- und Entertainmentkomplexe sowie Läden und weitere Sehenswürdigkeiten.

New York von oben

»Top of the Rock« heißt das Aussichtsplateau auf dem Rockefeller Center, genauer gesagt, auf dem General Electric Building. Seit einigen Jahren kann man hier wieder von der 1933 erbauten Aussichtsplattform aus etwa 260 Meter Höhe vom offenen Aussichtsdeck im *70th floor* den großartigen bis zu 130 Kilometer weit reichenden 360-Grad-Ausblick genießen. Man glaubt sich auf das Deck eines Ozeandampfers mit sehenswerten Art-déco-Details versetzt, die schon bei der Eröffnung für Aufsehen gesorgt hatten. Per »Sky Shuttle«, einem Hochgeschwindigkeitsaufzug mit transparentem Glasdach und Videoprojektion geht es hinauf. (Infos: www.topoftherocknyc.com).

Central Park

Nicht nur an Sonntagen, wenn die meisten Straßen durch den Central Park gesperrt sind, fungiert diese Grünanlage als die »gute Stube« der Stadt. Hier treibt man Sport, malt, musiziert, meditiert, trifft sich zum Picknick oder zum Konzert, liest oder genießt die Sonne. Im Sommer lockt der 340 Hektar große Stadtpark als kühle Oase im brodelnd-heißen Wolkenkratzer-Dschungel, im Winter, in weiße Schneepracht getaucht, fühlt man sich hier meilenweit von der hektischen Stadt entfernt. Die Grünanlage zwischen 59th Street (Central Park South) und 110th Street sowie 5th und 8th Avenue (Central Park West) ist rund vier Kilometer lang und 800 Meter breit. Sie bietet rund 50 Kilometer an Wegen, Sportplätze aller Art, Boots- und Fahrradverleih, eine Eislaufbahn, einen Zoo und viele weitere Attraktionen. Dazu gibt es im Sommer Openair-Konzerte verschiedenster Genres. (Infos: www.centralparknyc.org, www.centralpark.com)

High Line Park und Meatpacking District

Eine Eisenbahntrasse durchzog einst das Viertel zwischen der 34th Street am Javits Convention Center und der Gansevoort

1 *Manhattans Wolkenkratzer bei Dämmerung. – 2 Brücken über Brücken: Im Vordergrund die Brooklyn Bridge, dahinter die Manhattan Bridge und im Hintergrund ein Pylon der Williamsburg Bridge. – 3 Rund um den Times Square erlebt man New York von seiner trubeligsten Seite: Hier pulsiert rund um die Uhr das Leben.*

Street im Meatpacking District auf rund zweieinhalb Kilometer Länge. Lange Jahre brachliegend, wurde sie nun zur attraktiven Promenade mit Bänken und Aussichtspunkten, Sonnendeck und Kunstinstallationen sowie einer gelungenen Bepflanzung mit ursprünglichen Stauden und Gräsern umgestaltet. Bislang sind zwei von drei Abschnitten, von der Gansevoort bis zur 30th Street, eröffnet. Der südliche Zugang zu dieser Promenade, neun Meter über dem Straßenniveau, liegt an der Gansevoort Plaza im Meatpacking District. Dieser Stadtteil zwischen West Chelsea und Greenwich Village, Hudson Street und Hudson River war ursprünglich bekannt als Schlachthofviertel – heute gilt er als eines der In-Viertel Manhattans (Infos: www.thehighline.org).

Kunstgenuss der Extraklasse

Abgesehen von den großen Kunstpalästen im Bereich der »Museum Mile« – wie MoMA, Whitney, Guggenheim oder Metropolitan Museum – haben einige speziellere Museen ebenfalls ihren Reiz: Das New Museum of Contemporary Art in der Bowery zum Beispiel ist weltweit führend in Sachen zeitgenössische Kunst. Allein der moderne Bau, aber auch der Blick von der Dachterrasse lohnen (www.newmuseum. org). Das Museum of the Chinese in the Americas widmet sich in einem „grünen" Gebäude chinesisch-amerikanischer Geschichte, Kunst und Kultur der in Nordamerika lebenden Chinesen (www.mocanyc. org), während das Museum of Arts & Design (www.mad museum.org) schon allein optisch ins Auge sticht und auf sechs Etagen Handwerk, Kunst und Design zeigt. Weitere Tipps: die Morgan Library (www.themorgan.org) für Bibliophile, das Museo del Barrio (www.elmuseo.org) zur Latinokunst und -kultur, das Museum of the American Gangster (www.museumofthe americangangster.org) oder »The Cloisters« (www.met museum.org/visit/visit-the -cloisters).

Besuch in Harlem

An einem Sonntagvormittag lernt man Harlem am besten kennen: Dann putzen sich der Stadtteil und seine Bewohner zum Kirchenbesuch heraus. Wer möchte, kann sich sogar in einem der Brownstone-Häuser einquartieren (http://easy livingharlem.com). Hauptachse ist die 125th Street, wo im Apollo Theater von 1914 die Größen des Blues und Jazz auftraten und heute die „Amateur Nights" beliebt sind. Kultur gibt es im Studio Museum of Harlem und im Schomburg Center for Research in Black Culture. Denkmalgeschützte Viertel mit hübsch restaurierten Reihenhäuschen, sind der Mount Morris Park Historic District und der St. Nicholas sowie der Hamilton Heights Historic District, auch »Sugar Hill« genannt.

Madison Square Garden

New Yorks Sportarena, der Madison Square Garden (MSG), im Jahr 1968 über dem Bahnhof Penn Station errichtet, ist legendär. Dieser verglaste Betonzylinder ist bereits der vierte Bau dieses Namens. Schon im Jahr 1879 wurde erste »Garden« an der 26th St./Madison Ave. errichtet. Die »World's Most Famous Arena« fasst heute 18 000 bis 20 000 Zuschauer und ist Heimat mehrerer Profisportmannschaften, allerdings finden hier auch große Konzerte, Boxkämpfe, Zirkus, Eisshows und sogar Rodeos statt. Ein ganz besonderes Erlebnis ist ein Basketballspiel der New York Knicks oder ein Eishockeyspiel der Rangers (Infos: www.the garden.com).

Mit der Subway auf Weltreise

Man nennt die Subway-Linie Nr. 7 nicht ohne Grund den »International Express«: Die U-Bahn verkehrt durch Queens als Hochbahn. Dort ermöglichen die Haltestellen zwischen der 33rd Street und dem Vorort Flushing Einblick in unterschiedlichste Welten. Man passiert nacheinander den Orient, Lateinamerika, Irland, Indien, Mexiko, Italien und Fernost.

Festivals & Events

Ende Januar/ Anfang Februar

Chinese New Year's Celebration am ersten Vollmond nach dem 19. Januar. Mit vielerlei Festivitäten rund um die Mott Street – Konzerte, Tanz, Vorführungen, Stände sowie große Parade (www.explorechina town.com).

Mitte März

Die Stadt in Grün: Beim St. Patrick's Day mit Umzug auf der 5th Ave. und irischem Fest (www.saintpatricksdayparade. com)

Letzter Sonntag im Juni

Während des PrideFest im Greenwich Village feiert die LGBT (Lesbian-Gay-Bi-Sexual-Transgender)-Gemeinde mit Parade und anderen Veranstaltungen (www.hopinc.org).

4. Juli

Independence Day mit verschiedenen Konzerten und Events. Highlight sind die Macy's Fourth of July Fireworks über dem East oder Hudson River .

Sommer (Mai–September)

Den Sommer über finden im Central Park regelmäßig größtenteils kostenlose Events, vor allem Konzerte, (www.central parknyc.org – »Events«) an verschiedenen Spielorten statt. Beliebt ist »Shakespeare In Central Park« im Delacorte Theater (www.publictheater. org). Auch im Bryant Park gibt es Filme und Konzerte (www. bryant park.org), beim »River to River Festival« Veranstaltungen zwischen Battery Park und City Hall (www.riverto rivernyc.com) und auch das »Seaport Music Festival« bietet Gratiskonzerte an Pier 17 (www.seaportmusicfestival. com).

August

Die Harlem Week, im Jahr 1975 als »Harlem Day« ins Leben gerufen, bunter Veranstaltungskalender mit Konzerten, Basketballturnieren, Ausstellungen, Theateraufführungen, Lesungen, Filmfestivals und einem Children's Festival (www.harlemdiscover. com/harlemweek).

3. Wochenende im September

Höhepunkt der German-American Friendship Week ist die Annual German-American Steuben Parade, die vom Bürgermeister angeführt wird und bei der illustre Ehrengäste dabei sind. Ein knappes Drittel aller US-Einwohner haben deutsche Vorfahren und allein in NYC leben rund 500 000 Deutsch-Amerikaner (www. germanparadenyc.org).

1. Sonntag im November

New York City Marathon, seit dem Jahr 1970 stattfindend. Mehr als zwei Millionen begeisterte Zuschauer säumen die Route von der Verrazano Bridge bis zum Central Park und feuern enthusiastisch die über 40 000 Läufer an (www. nycmarathon.org)

Letzter Donnerstag im November (Thanksgiving)

Macy's Thanksgiving Day Parade. Um 9 Uhr morgens setzt sich die bunte Parade mit riesigen Ballons, Paradewagen und Bands von Central Park West/77th Street südwärts zum HeraldSq./34th Street in Gang. Das Aufblasen der Ballons findet am Mittwoch zuvor nahe dem Natural History Museum statt (http://social.macys.com /parade2011).

Vorweihnachtszeit (nach Thanksgiving)

Tree Lightning Celebrations, vor allem am Rockefeller Center sehenswert, außerdem Weihnachtsmärkte im Grand Central Terminal, Bryant Park oder auf dem Union Square. Nicht versäumen: Annual Radio City Christmas Spectacular (www.radiocitychrist mas.com) mit den legendären Rockettes und/oder »The Nutcracker« mit dem New York City Ballet at Lincoln Center (www.nycballet.com).

31. Dezember

Times Square New Year's Eve Celebration & Ball Drop (www.timessquarenyc.org), außerdem Feuerwerke über dem Prospect Park und dem Central Park sowie New York Road Runners Midnight Run (www.nyrrc.org)

Zeittafel

1524
Giovanni da Verrazano, Florentiner Seefahrer in Diensten des französischen Königs, sichtet erstmals die Insel Manhattan, die New York Bay und den Hudson River.

1609
Der Brite Henry Hudson, im Dienst der niederländischen Ostindien-Kompanie, betritt als erster Europäer auf der Suche nach der Nord-West-Passage die Insel Manhattan. Im Logbuch eines seiner Offiziere taucht dann tatsächlich auch erstmals der Name „Manna-hata" auf.

1624
Die ersten europäischen Siedler lassen sich auf Governors Island bzw. an der Südspitze Manhattans nieder.

1626
Peter Minuit aus Wesel am Rhein kauft im Namen der Niederländer den ansässigen Indianern die Insel Manhattan für Glasperlen und Werkzeug im Wert von insgesamt 60 Gulden ab. Die hier siedelnden Holländer nennen den Ort »Nieuw Amsterdam«.

1664
Gouverneur Peter Stuyvesant muss sich dem britischen Druck beugen und übergibt die Stadt dem Herzog von York, der ihr den Namen »New York« verleiht.

1789
Am 4. März versammelt sich nach dem Unabhängigkeitskrieg der erste Kongress in New York und ernennt George Washington im Rathaus, der heutigen Federal Hall, zum 1. US-Präsidenten.

1792
Gründung der Börse an der Wall Street.

1811
Der Stadtrat nimmt den Entwurf von Stadtbaumeister John Randall an : Die Straßen nördlich der Houston Street werden als Rasternetz angelegt und durchnummeriert. Nur der Broadway verläuft diagonal.

Mitte des 19. Jh.
Die Stadt ist bis zur 34th Street gewachsen, in den nächsten zehn Jahren bis zur 42nd Street. Die Einwohnerzahl überschreitet eine halbe Million. Der Zustrom von Immigranten macht die Stadt zum »Tor zur Neuen Welt«.

1880
Eröffnung des Metropolitan Museum

1883
Einweihung der Brooklyn Bridge

1886
Einweihung der Freiheitsstatue, ein Geschenk Frankreichs.

1898
»Greater New York« entsteht aus dem Zusammenschluss von Manhattan, Brooklyn, Bronx, Queens und Staten Island. New York ist mit mehr als 3,5 Millionen Einwohnern die größte Stadt der Welt.

1907
Höhepunkt der Einwanderungswelle mit 1 285 000 Immigranten pro Jahr. Bis zum Ausbruch des Ersten Weltkriegs kommen insgesamt zwölf Millionen Menschen nach New York.

29.10.1929
Der »Schwarze Freitag« an der New Yorker Börse beendet die »Roaring Twenties« und löst eine Weltwirtschaftskrise aus.

1929
Bau des Empire State Building, 1931 folgt das Rockefeller Center, 1932 wird die Radio City Music Hall eröffnet.

1949
New York wird fester Sitz der Vereinten Nationen (UN), die 1952 den Gebäudekomplex am East River beziehen.

19.10.1987
Am »Black Monday« kommt es zu einem neuerlichen Börsensturz.

11.09.2001
Terroranschlag auf das World Trade Center, der Tausenden das Leben kostet.

2009
Das Yankee Stadium in der Bronx und das CitiField in Queens werden eröffnet, ebenso eine Fußgängerzone am Broadway sowie der High Line Park. Sie manifestieren den Wandel New Yorks zur „grünen" und umweltbewussten Metropole.

11.09.2011
Das 9/11 Memorial wird anlässlich des 10. Jahrestags des Anschlags auf das World Trade Center eröffnet.

Übernachten & Genießen

Manhattans Südspitze

Übernachten

Ritz Carlton New York
2 West St., Tel. (212) 344-0800, www.ritzcarlton.com/hotels/new_york_battery_park. 298 sehr große, edle Zimmer; viele bieten einen Blick über den Hafen.

Wochenmarkt

New Amsterdam Market
Old Fulton Fish Market, South Street, www.newamsterdam market.org, So 11–16 Uhr (bis Mitte Dez.). Verkaufsstände im Freien und unter dem Dach bieten allerlei regionale Produkte wie Wein, Kaffee, Käse, Wurstwaren, Geflügel, Feinkost; dazu servieren lokale Restaurants das passende Essen.

Genießen

Harry's Cafe
One Hanover Square, Tel. (212) 785-9200, http://harrysnyc.com. Das elegante Restaurant nahe der Wall Street ist bekannt für seine Steaks. Dazu gut sortierte, große Bar und Weinkeller.

SHO Shaun Hergatt
Im Setai Hotel, 40 Broad St. Tel. (212) 809-3993, www.sho shaunhergatt.com. Chefkoch Shaun Hergatt ist bekannt für moderne asiatisch-französische Kreationen, die in zeitgenössischem, schlicht-schickem Ambiente serviert werden. Günstiges Prix-Fixe-Lunch!

Downtown

Übernachten

Boutiquehotels befinden sich vielfach in Szene-Vierteln wie SoHo, Gramercy oder vermehrt auch im Meatpacking District – z. B. Blue Moon Hotel (100 Orchard St., www.bluemoon-nyc.com) oder Hotel Gansevoort (18 9th Ave./13th St., www.hotelganse voort.com) – ein Designer-Hotel der oberen Luxusklasse.

Kulinarische Touren

Susan Rosenbaum, Absolventin des *French Culinary Institute*, bietet Gruppen unterhaltsame und fachkundige kulinarische Touren mit Kostproben durch verschiedene ethnische Viertel an, z. B. durch die jüdische Lower East Side, Little Italy oder Chinatown. Infos und Buchung: Enthusiastic Gourmet, Tel. (646) 209-4724, www.enthusiasticgourmet.com

Nightlife

The Village kam Anfang des 20. Jahrhunderts als Enklave der Boheme, der Künstler und der Aussteiger zu Ruhm. Heute ist es bekannt für Cafés, Bars und Restaurants, Designerboutiquen, für kleine innovative Bühnen und eine rege Kneipen- und Clubszene, vor allem im East Village mit Crif Dogs Bar (113 St. Marks Pl.), Death & Co (433 E 6th St./Ave. A.) oder Mayahuel (304 E 6th/1st Ave).

Genießen

L'Ecole
462 Broadway, Tel. (212) 219-3300, www.frenchculinary.com/lecole. Empfehlenswertes und vor allem mittags preiswertes TopLokal des *French Culinary Institute* (Kochschule) in SoHo.
15 EAST
15 E 15th St./Union Sq., Tel. (212) 647-0015, http://15east-restaurant.com. Sushi-Bar und andere japanische und amerikanische Delikatessen. Es gibt ein preisgünstiges Mittagsmenü und eine riesige Auswahl an verschiedenen Sake.

Märkte

Der Chelsea Market (75 9th Ave., www.chelseamarket.com) ist eine »Gourmet Mall« mit Läden und Imbissständen. Preiswerter ist der Essex Street Market (120 Essex/Delancey St., www.essexstreetmar ket.com), und italienisch präsentiert sich Eataly (200 5th Ave., http://eatalyny.com). Der größte (ganzjährige) Wochenmarkt findet auf dem Union Square statt (www.grownyc.org/unionsquaregreenmarket).

Midtown

Übernachten

Apple Core (www.applecore hotels.com) bietet mehrere relativ preiswerte und günstig gelegene Hotels in Midtown – das Comfort Inn Midtown, das Red Roof Inn Manhattan, das La Quinta Manhattan, das The

1 *Himmelwärts bauen.* – 2 *Abendstimmung auf einer Promenade am East River.* – 3 *Warten auf Kundschaft.*

Hotel@Times Square und das Ramada Eastside.

Genießen

PizzArte

69 W. 55 St., Tel. (212) 247-3936, www.pizzarteny.com. Original neapolitanische Pizza aus dem Holzofen, klassisch und in kreativen Kombinationen; dazu perfekt als Appetizer: »Frittura all' Italiana«. Künstlerisch gestaltetes und angenehm geschmackvolles Ambiente.

Alfama

214 E. 52nd St., Tel. (212) 759-5552, www.alfamanyc.com. Portugiesisches Lokal in Midtown-East. Gemütliche Atmosphäre und authentische Kreationen von Chefkoch Francisco Rosa, Live-Fado und Wochenendbrunch.

Uptown

Übernachten

Easyliving – Harlem

214 W 137th St., http://easy livingharlem.com. Vier große helle Gästezimmer in einem historischen Brownstone

House in einem schönen Viertel zu günstigem Preis. Dazu gibt es eine gut ausgestattete, gemütliche Gemeinschaftsküche, einen begrünten Innenhof, Gratis-WLAN und kenntnisreiche, hilfsbereite Gastgeber (Heidi ist Deutsche).

Genießen

The Tangled Vine

434 Amsterdam Ave., Tel. (646) 863-3896, www.tangledvine bar.com. Ausgezeichnete Weinbar mit kreativer amerikanisch, spanisch-mediterran angehauchter Küche und umfangreicher Weinkarte.

Delikatessen

Whole Foods im Time Warner Building

10 Columbus Circle. Hier gibt es heiße und kalte Theken zum Einkaufen und sofort Essen. Ungewöhnlich gut sortiert.

Zabar's

2245 Broadway/80th St., www.zabars.com. Das Zabar's wurde durch Filme von Woody Allen bekannt und ist wegen seiner Delikatessen allein schon ein Augenschmaus.

Die »Boroughs«

Übernachten

Strange Dog Inn

51 DeKoven Court, Tel. (718) 338-7051, www.strangedog inn.com. In Midwood, einem ruhigen Brooklyner Wohnviertel mit parkartigen Alleen und historischen Häusern, vermieten Paula und Gail Monroe ein geräumiges Apartment mit zwei Schlafzimmern, einer Kochnische und einem Bad. Im Preis enthalten sind ein U-Bahn-Ticket, Frühstück, WiFi, Softdrinks und Snacks.

Genießen

Red Hook Lobster Pound

284 Van Brunt St., http://red hooklobsterpound.com. Dies hier ist angeblich der »Freshest Lobster in NYC« – Hummer oder »Lobster Rolls« zu günstigen Preisen und ganz frisch genießen in einem Imbisslokal in Red Hook, einem der Trendviertel von Brooklyn.

Le Comptoir

251 Grand St., Tel. (718) 486 3300, www.lecomptoirny.com. Im trendigen Williamsburg (Brooklyn) wird französische

Küche serviert, von Fisch- und Fleischgerichten bis zu exzellenten Wurst- und Käseplatten.

Spaziergänge durch Brooklyn

Made in Brooklyn Tours

www.madeinbrooklyntours. com. Dom Gervasi weiß, wovon er spricht: Er stammt aus Brooklyn und stellt in interessanten zweistündigen Walkingtouren Besuchern Teile seiner Stadt vor – DUMBO, Red Hook, Williamsburg oder Bensonhurst. Schwerpunkt sind dabei Unternehmen, die in Brooklyn Waren verschiedenster Art herstellen, z. B. Wein, Kaffee, Schokolade, Glas, Möbel oder Keramik.

Nightlife

River Café

1 Water St., www.rivercafe. com. Quasi unter dem Pylon der Brooklyn Bridge hat diese Location in Brooklyn bei Sonnenuntergang Romantik pur zu bieten: Hier kann man bei einem Martini oder einem dreigängigen Gourmet-Menü den Ausblick auf Fluss und Skyline genießen.

New York von A bis Z

Anreise

Empfehlenswert sind Nonstopverbindungen nach New York, die es sowohl zum John F. Kennedy International Airport (JFK) als auch zum Newark Liberty International Airport (EWR) gibt. Die reine Flugzeit nach New York beträgt dann ungefähr acht bis neun Stunden.

Vom JFK-Flughafen gelangt man entweder mit dem Taxi (ca. $55–60) in 45–60 Min. oder per Shuttlebus (z. B. Airlink, www.goairlinkshuttle.com, ca. $20) nach Manhattan. Am preiswertesten, allerdings auch am zeitaufwendigsten ist die Subway. Per AirTrain geht es vom Terminal zur Subway-Station »Howard Beach« und von dort mit der Line A in 70–90 Min. nach Manhattan (Infos: www.panynj.gov/air ports/jfk.html).

Der EWR-Airport ist ebenfalls mit dem öffentlichen Nahverkehr (NJ Transit oder Amtrak) oder auch per Shuttlebus an die Insel angebunden (Infos: www.panynj.gov/airports/ newark-liberty.html)

Diplomatische Vertretungen

• Botschaft der Vereinigten Staaten, Pariser Platz 2, D–10117 Berlin, Tel. (030) 83050, Konsularabteilung (Visa): Clayallee 170, Tel. (0900) 185-0055, http://ger many.us embassy.gov
• Botschaft der Vereinigten Staaten, Boltzmanngasse 16, A–1090 Wien, Tel. (01) 31-3390, Visa: Tel. (0900) 51-0300, www.usembassy.at
• Botschaft der Vereinigten Staaten, Sulgeneckstr. 19, CH–3007 Bern, Tel. (031) 35-77011, Visa: Tel. (0900) 87-8472, http://bern.usembassy.gov
In New York:
• German Consulate General, 871 United Nations Plaza (1st Ave./49th St.), New York, NY 10017, Tel. (212) 610-9700, www.new-york.diplo.de
• Austrian Consulate General, 31 E 69th St. (Upper East Side), New York, NY 10021, Tel. (212) 737-6400, www.bmeia.gv.at/botschaft/gk -new-york.html
• Swiss Consulate General, 633 3rd Ave. (Midtown), New York, NY 10017–6706, Tel. (212) 59-95700, www.eda.admin.ch/newyork

Einkaufen

New York ist ein Einkaufsparadies, und da es in den USA kein verbindliches Ladenschlussgesetz gibt, haben die meisten Geschäfte von 9 oder 10 bis mindestens 19 oder 20 Uhr geöffnet. Die Sales Tax (Mehrwertsteuer) beträgt in New York City derzeit 8,875 %. Bei Kleidung und und Schuhen fallen bei Einkäufen unter $110 nur 4,375 % Tax an, bei höheren Summen werden ebenso wie bei allen anderen Artikeln die vollen 8,875 % fällig.

Einreise und Visum

Dank des Visa Waiver Program (VWP) ist ein Visum für Bürger aus Deutschland, Österreich und der Schweiz bei einem Aufenthalt von maximal 90 Tagen und Vorlage eines Rückflugtickets nicht nötig. Voraussetzung ist ein Reisepass, der mindestens noch die gesamte Aufenthaltsdauer gültig ist, auch für Kinder. Spätestens 72 Stunden vor Abflug ist Online-Registrierung bei ESTA (Electronic System for Travel Authorization) nötig. Das kostet einmalig $14 und wer einmal registriert ist, kann innerhalb von zwei Jahren mehrfach einreisen. Infos und Registrierungsformular finden sich auf der Webseite http://german.germany.usem bassy.gov/visa/vwp/esta.

Im Rahmen von Secure Flight müssen zusätzlich 72 Stunden vor Abflug alle maßgeblichen Passagierdaten vorliegen: voller Name gemäß Reisepass, Geburtsdatum, Geschlecht. Normalerweise werden diese Angaben bereits bei Flugbuchung abgeliefert. Die erste Adresse in den USA kann beim Check-in nachgereicht werden.

Außerdem muss pro Familie ein weißes Zollformular (Customs Declaration) ausgefüllt werden. Seit September 2001 traten verschärfte Kontrollen und Restriktionen bzgl. Flüssigkeiten in Kraft – daher sollte man genügend Zeit für Check-in bzw. Umsteigen einplanen. (Infos: www.TSAtraveltips.us)

1 *Historische Wolkenkratzer. – 2 Strandleben … – 3 … und Ruhe nach einem langen Arbeitstag: Ein Banker trägt seine patriotische Gesinnung zur Schau.*

Essen und Trinken

Es gibt rund 23.500 Restaurants in New York, der Durchschnittspreis für ein Abendessen liegt nach einer Untersuchung des Restaurantführers »Zagat's« alles inklusive bei $42 pro Person. Für Sparsame gibt es *push carts* auf den Straßen, die vom kompletten Frühstück über Gebäck bis hin zu kleinen Snacks vielerlei Gerichte günstig anbieten. Delis sind rund um die Uhr geöffnet und verfügen über heiße und kalte Theken. In Restaurants sind preiswertere Mittagskarten (»Lunch Special«) üblich. Besonders zum Dinner und an Wochenenden sollte man einen Tisch reservieren. Es gilt das Prinzip »wait to be seated«: Man bekommt einen eigenen Tisch zugewiesen und die Speisekarte (*menu*) überreicht. Die Bedienung (*server*) zählt die Tagesgerichte (»Daily Specials«) auf, anschließend kommen unaufgefordert Brot und Wasser auf den Tisch, ehe man Vorspeise (*appetizer*), Hauptgericht (*entrée*) und Nachtisch (*dessert*) wählt.

Die Rechnung (*cheque*) kommt unaufgefordert nach Beendigung der Mahlzeit auf den Tisch und man sollte mindestens 15 Prozent Trinkgeld addieren.

Feiertage

1. Januar: New Year's Day (Neujahr)
Dritter Montag im Januar: Martin Luther King's Birthday
Dritter Montag im Februar: President's Day (George Washington's Birthday – Gedenktag zu Ehren aller Präsidenten)
Ende März/Anfang April: Easter Sunday (Ostersonntag); Good Friday (Karfreitag) gilt nur eingeschränkt, Ostermontag nicht als Feiertag
Wochenende vor dem letzten Montag im Mai: Memorial Day Weekend (zu Ehren aller Gefallenen) – Beginn der Ferienzeit
4. Juli: Independence Day (Tag der amerikanischen Unabhängigkeit) – Nationalfeiertag
Wochenende vor dem ersten Montag im September: Labor Day Weekend (Tag der Arbeit) – Ende der Ferienzeit

Zweiter Montag im Oktober: Columbus Day (Erinnerung an die Entdeckung Amerikas)
11. November: Veterans' Day (Ehrentag für die Militär-Veteranen)
Vierter Donnerstag im November: Thanksgiving Day (Erntedankfest, das große Familienfest)
25. Dezember: Christmas Day; keine Feiertage sind der Heilige Abend (Christmas Eve, Holy Night) und der 2. Weihnachtstag.

Informationen

In Deutschland gibt es Informationen und Broschüren bei:
● NYC & Company, c/o. AVIAREPS Tourism Public Relations, Josephspitalstr. 15, 80331 München, Tel. (089) 552-533835, www.nycgo.com/de
In New York betreibt NYC & Company mehrere Besucherzentren:
● Official NYC Information Center – Midtown, 810 7th Ave./53rd St., Tel. (212) 484-1200, Infotelefon: (212) 484-1222 (mehrsprachig, 9–18 Uhr), www.nycgo.com,

Mo–Fr 8.30–18 Uhr, Sa/So 9–17 Uhr. Topmodern und futuristisch ausgestattet mit interaktiven Karten sowie freundlichem und hilfsbereitem Servicepersonal.

Außerdem gibt es eine Infostelle mit Ticketverkauf und Souvenirs bei der Times Square Alliance im ehemaligen Embassy Theater (7th Ave., W 46th–47th St., www.timessquarenyc.org/about_us/info_center.html) und »Official NYC Information Kiosks« an der City Hall (Broadway, Südende City Hall Park), in Chinatown (Canal/Walker/Baxter St.), im Studio Museum of Harlem (144 W 125th St.) und in der Tavern on the Green (Visitor Center & Gift Shop, 67th St./Central Park W).
Noch mehr Details, Tipps und Hintergrundinformationen zu New York liefern die beiden regelmäßig aktualisierten Reiseführer von den Autoren dieses Buches: »CityGuide New York City« (ISBN 978-3-8317-1986-0) und »CityTrip New York« (ISBN 978-3-8317-2092-7).

Nachtleben

New Yorks Nachtleben ist legendär und vielseitig. Alkohol wird erst ab 21 Jahren ausgeschenkt, und in Clubs und Diskotheken fällt normalerweise ein *cover* von mindestens $10 (ein Getränk) an. Greenwich und East Village sind Zentren für Nachtschwärmer, schicke *nightspots* befinden sich in Chelsea und im Meatpacking District.

Cool und angesagt sind Cocktailbars, meist mit Türstehern oder getarnt als *speakeasies* oder auch auf Wolkenkratzerdächern. Mehr und mehr entdecken Nachteulen Brooklyn und dort vor allem Williamsburg (Bedford Ave.) und Greenpoint.

Infos zum Nightlife: http://joonbug.com/newyork, www.clubplanet.com oder www.ny.com/nightlife, Touren bietet: JB's Nightlife Tours, www.jbnyctours.com.

Nahverkehr

Die MTA (Metropolitan Transit Authority, www.mta.nyc. ny.us) betreibt Busse und die Subway (U-Bahn). Vor allem Letztere ist ein schnelles, sicheres und preiswertes Verkehrsmittel auch für Besucher. Der streckenunabhängige Einheitspreis für ein Einzelticket für Erwachsene (*single ride*) beträgt derzeit $2,50, bei Bezahlung mit der aufladbaren MetroCard (*regular*) $2,25. MetroCards sind an Automaten oder Schaltern erhältlich, der Fahrpreis wird an einer Schranke automatisch abgebucht. Für Besucher empfehlenswert sind Zeitkarten (*MetroCard unlimited ride*) wie die Wochenkarte für $29 (Infos unter www.mta.info, mit Fahrplänen und Karten).

New Yorks legendäre gelbe Taxis winkt man auf der Straße heran (*to hail a taxi*). Ein Taxi nimmt auch mehrere Passagiere in etwa gleicher Fahrtrichtung auf (jeder zahlt dann separat). Die Grundgebühr beträgt $3 plus 40 c für jede zusätzliche 1/5 mi (ca. 300 m) bzw. 20 c pro Min. Wartezeit. Aufschläge können nachts, zu Stoßzeiten oder auch für besondere Fahrten anfallen.

Notfälle

Bei Diebstahl oder Verbrechen ist im nächsten Polizeirevier (Tel. 311) Anzeige zu erstatten und der Vorfall bei der betreffenden Stelle, im schlimmsten Fall bei der diplomatischen Auslandsvertretung, sonst bei Fluggesellschaft oder Bank, möglichst mit Nummern oder Kopien der entsprechenden Papiere, zu melden. Bei Verlust von Karten oder Schecks muss man umgehend die Sperrung veranlassen, meist unter der einheitlichen Sperrnummer Tel. (011) 49–116116 oder Tel. (011) 49-3040504050. Wer dringend eine größere Summe Geld benötigt, kann sich außerdem über die Western Union/Reisebank (www.reisebank.de) Geld nach New York schicken lassen.

Bei Notfällen ruft man die Ambulanz (911) oder fährt zur Notaufnahme eines Hospitals (*emergency room*). Jeder Patient wird als Privatpatient behandelt, doch zu Hause erstattet die (dringend empfehlenswerte) Reisekrankenversicherung gegen ausführliche Bescheinigung und Quittungen die Kosten. Apotheken (*pharmacies*) existieren in erster Linie als *prescriptions counters* in Drugstores. Dort und in Supermärkten gibt es preiswert und rezeptfrei ein Grundsortiment an Medikamenten.

Telefon und Internet

Eine Eins gefolgt von einem dreistelligen *area code* – in Manhattan 212 bzw. 646 und 917 für *mobil phones*, in der Bronx, Brooklyn, Queens und Staten Island 718 oder 347 geht der siebenstelligen Rufnummer voraus und muss auch bei Ortsgesprächen mitgewählt werden. Gebührenfrei, aber regional begrenzt, sind 1–800er-/866er-/877er-/ 888er-Nummern, teuer sind jene, die mit 1–900 beginnen. Die Vorwahlen für Gespräche aus den USA: 0 11 49 nach Deutschland, 0 11 43 nach Österreich, 0 11 41 in die Schweiz. Der Nummer folgt die Ortsvorwahl (ohne 0) und die Teilnehmernummer.

Durchblick im Telefonkartendschungel verschafft z. B.

1 *Allzeit bereit: die New Yorker Polizei.* – 2 *Ungewöhnlich: Leere Straßen in New York City.* – 3 *Solche Zeitungskästen findet man in New York an jeder Ecke.*

www.callingcards.com und unter www.us-callingcard.info findet man eine empfehlenswerte wiederaufladbare Karte. Mobil (Cell) Phones – der eingedeutschte Begriff Handy existiert im Englischen nicht – funktionieren in der Mehrband-Version einwandfrei. Internetnutzung stellt dank zahlreicher WLAN-Hotspots in New York kein Problem dar. In Hotels ist Internetzugang nicht immer kostenlos. In vielen Cafés und öffentlichen Einrichtungen wie Public Library oder Besucherinfo gibt es ebenfalls WLAN-Hotspots (http://manhattan.about.com/od/citylife1/a/freewifihot spot.htm) oder frei nutzbare internettaugliche Computer.

Rauchen

Raucher haben in New York ein hartes Leben. Seit 1995 ist in New Yorker Bars und Restaurants das Rauchen verboten seit 2003 ist der Zigarettengenuss auch in Discos, öffentlichen Verkehrsmitteln und Taxis, am Arbeitsplatz, auf Bahnhöfen und anderen öffentlichen Gebäuden strikt verboten. In Stadien (d. h. open air) gibt es kleine ausgewiesene Raucherzonen und nur noch wenige Hotels verfügen über Raucherzimmer.

Zuschauersport

American Football: New York Giants, www.nygiants.com; New York Jets, www.new yorkjets.com
Baseball: New York Yankees, www.yankees.com; New York Mets, www.mets.com
Basketball: New York Knicks, www.nba.com/knicks; New York Liberty (Frauen), www.nba.com/liberty; New Jersey (ab 2012 Brooklyn) Nets, www.nba.com/nets
Eishockey: New York Rangers, http://rangers.nhl.com; New York Islanders, http://is landers.nhl.com; New Jersey Devils, http://devils.nhl.com

Trinkgeld

Tip oder *gratuity* sind in den USA nicht inklusive, und die Löhne der Beschäftigten im Dienstleistungsgewerbe sind niedrig. Amerikaner achten daher immer genau auf korrektes Trinkgeld in Höhe von 15 bis 20 Prozent in Lokalen. Gepäckträger, Zimmermädchen, Taxifahrer erhoffen sich ebenfalls ein Trinkgeld.

Unterhaltung

Die meisten großen Theater befinden sich um Broadway und Times Square. Zu den knapp 40 Broadway-Bühnen mit jeweils mehr als 500 Plätzen kommen über 30 Off-Broadway- und mehr als 200 Off-off-Broadway-Bühnen verteilt über die ganze Stadt. »Off« bezieht sich dabei auf die Größe des Theaters. Bedeutende Veranstaltungsorte sind auch die Carnegie Hall, das Lincoln Center for the Performing Arts, Jazz at Lincoln Center im Time Warner Center (Columbus Circle), der Madison Square Garden und die Radio City Music Hall. Tickets zu ermäßigten Preisen am selben Tag gibt es bei TKTS (W 47th St./Broadway, Duffy Sq., www.tdf.org). Information und Besprechungen liefern z. B. folgende Webseiten: www.broadway.com, www.broadwayleague.com, www.nytheatre.com, www.ny theatre-wire.com, www.play bill.com und www.iloveny theatre.com.

Zoll

Gegenstände des persönlichen Bedarfs können zollfrei in die USA eingeführt werden, außerdem sind ein Liter Alkohol bzw. 200 Zigaretten oder 100 Zigarren (keine kubanischen), dazu Geschenke im Wert bis zu 100 $ erlaubt. Verboten sind alle tierischen und pflanzlichen Frischprodukte bzw. Lebensmittel sowie Samen und Pflanzen, außerdem Klappmesser und andere gefährliche Objekte.
Bei der Rückreise nach Europa gelten Beschränkungen in Sachen Tabakwaren und Alkohol (siehe www.zoll.de, www.bmf. gv.at, www.ezv.admin.ch), andere Waren für den persönlichen Gebrauch (Einkäufe und Mitbringsel) dürfen bis zu 430 € bzw. 300 CHF eingeführt werden, allerdings nur von über 15-Jährigen.

Register

Orts- und Sachregister

1 Das romantische Gesicht der Megapolis: Sonnenuntergang über der New York Bay. – 2 Blick vom Central Park auf die Skyline. – 3 »Dining al fresco« bei »Agozar« auf der Bowery.

Personen-register

Impressum

Der Fotograf

Christian Heeb ist einer der erfolgreichsten Reisefotografen weltweit und Bildautor von über 90 Büchern sowie unzähliger Kalender. Auch im Bruckman Verlag erschienen seine Bilder bereits in mehreren Bildbänden. Christian Heeb lebt auf einer Ranch in Bend, Oregon (USA), und in St. Gallen. Mehr Infos unter www.heebphoto.com.

Die Autoren

Dr. Margit Brinke und **Dr. Peter Kränzle** sind promovierte Geisteswissenschaftler, die seit 1995 als freie Buchautoren und Journalisten tätig sind. Seither konnten sie sich durch über 70 Publikationen zu Reise, Sport und Kultur, mit Schwerpunkt USA, bei verschiedenen Buch- und Reiseführerverlagen und durch regelmäßige Mitarbeit bei zahlreichen Magazinen, Zeitungen und Webseiten einen Namen im Reise- und Sportjournalismus machen. Im Bruckmann Verlag sind bereits zahlreiche Bände erschienen, zuletzt unter anderem »Highlights Nationalparks USA«, »Highlights New York« und »Highlights USA – Der Westen«.

Alle Angaben dieses Werkes wurden von den Autoren sorgfältig recherchiert und auf den aktuellen Stand gebracht sowie vom Verlag geprüft. Für die Richtigkeit der Angaben kann jedoch keine Haftung übernommen werden.
Für Hinweise und Anregungen sind wir jederzeit dankbar. Bitte richten Sie diese an:
Bruckmann Verlag
Postfach 40 02 09
D-80702 München
E-Mail: lektorat@bruckmann.de

Die Deutsche Nationalbibliothek verzeichnet diese Publikation in der Deutschen Nationalbibliografie; detaillierte bibliografische Daten sind im Internet über http://dnb.d-nb.de abrufbar.

Die Originalausgabe erschien 2006 unter dem Titel »New York« im Bruckmann Verlag.

Vollständig aktualisierte und überarbeitete Ausgabe
© 2012 Bruckmann Verlag GmbH, München
ISBN 978-3-7654-5821-7

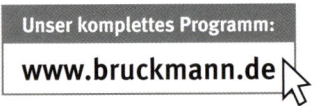

In gleicher Reihe erschienen ...

ISBN 978-3-7654-5645-9

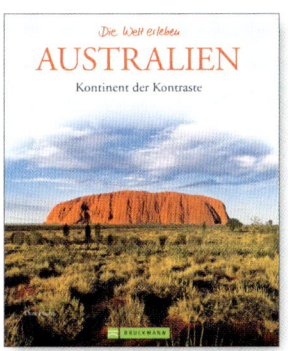

ISBN 978-3-7654-5854-5

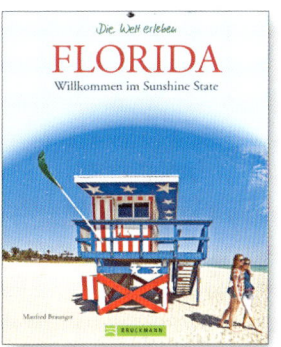

ISBN 978-3-7654-5644-2

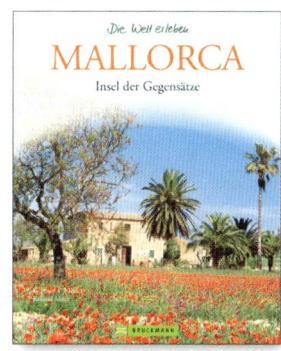

ISBN 978-3-7654-5647-3

ISBN 978-3-7654-5643-5

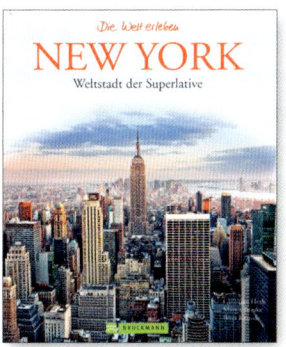

ISBN 978-3-7654-5821-7

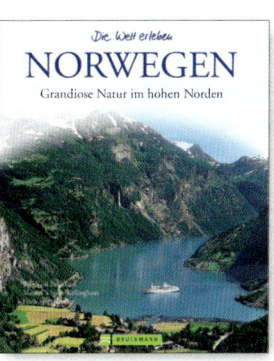

ISBN 978-3-7654-5535-3

ISBN 978-3-7654-5646-6

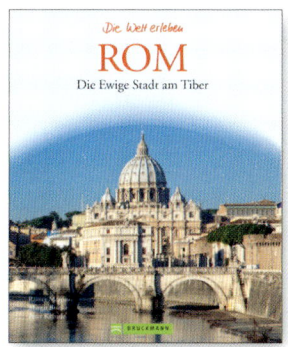

ISBN 978-3-7654-5649-7

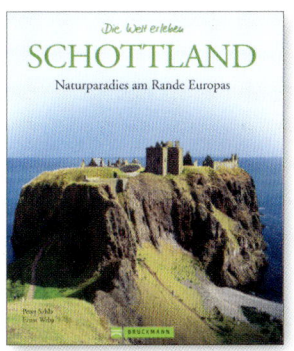

ISBN 978-3-7654-5372-4

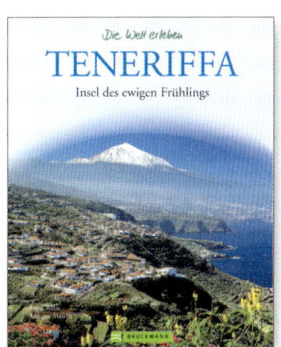

ISBN 978-3-7654-5642-8

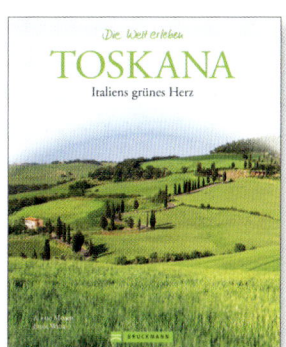

ISBN 978-3-7654-5648-0

BRUCKMANN

www.bruckmann.de